-,90

Remo Kroll und Frank-Rainer Schurich

# Polizistenmorde

**Remo Kroll** ist Angehöriger der Berliner Polizei und widmet sich publizistisch der Historie der Kriminalpolizei und der Morduntersuchung in der DDR. Er ist Mitherausgeber der Schriftenreihe *Polizei. Studien zur Geschichte der Verbrechensbekämpfung*. Darüber hinaus hat er vielfach publiziert, u. a. bei Bild und Heimat gemeinsam mit Frank-Rainer Schurich: *Brudermord* (2018).

**Frank-Rainer Schurich** lehrte als ordentlicher Professor für Kriminalistik an der Humboldt-Universität zu Berlin und ist seit 2015 ebenfalls Mitherausgeber der Schriftenreihe *Polizei. Studien zur Geschichte der Verbrechensbekämpfung*. Er arbeitete regelmäßig bei der Berliner Kripo; seit 1994 ist er als freier Autor tätig. Er legte zahlreiche Publikationen vor, zuletzt bei Bild und Heimat gemeinsam mit Remo Kroll: *Postraub am Spreekanal* (Blutiger Osten, 2018).

Remo Kroll und Frank-Rainer Schurich

# Polizistenmorde

Vier authentische Kriminalfälle aus der DDR

Bild und Heimat

Von Remo Kroll und Frank-Rainer Schurich liegen bei Bild und Heimat außerdem vor:

***Tötungsdelikt Gisela G.*** *und zwei weitere Fälle* (Blutiger Osten, 2018)

***Postraub am Spreekanal*** *und zwei weitere Verbrechen (Blutiger Osten, 2018)*

***Brudermord*** *und zwei weitere wahre Verbrechen von Sowjetsoldaten in der DDR* (2018)

ISBN 978-3-95958-205-6

2. Auflage

Umschlaggestaltung: fuxbux, Berlin
Umschlagabbildung: © photopsist (Einschusslöcher); Autorenmaterial (Auto)
Druck und Bindung: GGP Media GmbH

Ein Verlagsverzeichnis schicken wir Ihnen gern:
BEBUG mbH / Verlag Bild und Heimat
Alexanderstr. 1
10178 Berlin
Tel. 030 / 206 109 – 0

*www.bild-und-heimat.de*

## Inhalt

# Vorwort

Unser neues Buch schlägt ein bisher unbekanntes Kapitel der DDR-Kriminalgeschichte auf: heimtückische Morde an Angehörigen der Deutschen Volkspolizei. Auf Basis der originalen Akten rekonstruieren wir die realen Tathergänge und schildern minutiös die kriminalistischen Untersuchungen, die Spurensuche und -sicherung sowie die Befragungen und Vernehmungen. Jedoch nur zwei der insgesamt vier hier dargestellten Verbrechen konnten aufgeklärt, zwei Mörder ermittelt werden. In den anderen beiden Fällen wurde der Täter nie gefunden. Die Untersuchung dieser Verbrechen mit einem hohen personellen und technischen Aufwand gestaltete sich sehr komplex, kompliziert und intensiv – und war letztlich nicht von Erfolg gekrönt. Aber die Kriminalisten wissen nur zu gut, dass Stärke nicht immer mit Siegen einhergeht. Es sind nicht die Erfolge, aus denen man lernen muss, sondern die Niederlagen. Auch deshalb dieses Buch.

Zum Handwerkszeug eines guten und kreativen Ermittlers gehört auf der ganzen Welt, einen Fall aus verschiedenen Blickwinkeln zu betrachten. Aber diese beiden nicht aufgeklärten Verbrechen an Volkspolizisten beweisen, dass zuweilen sehr gut ausgebildete und erfahrene Kriminalisten, auch vom Ermittlungsdruck beherrscht, diese Grundregel außer Acht lassen können und sich plötzlich dort befinden, wo sie eigentlich nicht sein sollten: auf der anderen Seite, wo es falsche Verdächtigungen, unrichtige Geständnisse und Spuren gibt, die gar keine sind. Den Kriminalisten muss aber zugutegehalten werden, dass sie nach umfangreichen Analysen erkannt haben, dass die Verdachtsmomente nicht ausreichen. So wurde zum Beispiel das Ermittlungsverfahren gegen Olaf Rühmer wegen Verdachts des Mordes an Hauptwachtmeister Lutz Lawrenz in der Trelleborger Straße in Berlin-Pankow von der Generalstaatsanwaltschaft Berlin gemäß Paragraph 148 Absatz 1 Ziffer 1 StPO der DDR eingestellt, weil sich die Beschuldigung oder der Verdacht einer Straftat nicht als begründet erwiesen hatte. Die geführten Untersuchungen gegen Olaf Rühmer erbrachten keinerlei Beweistatsachen für seine Täterschaft. Das war ein später Sieg des Rechts.

Die Namen der Täter und Zeugen sowie einige Handlungsorte haben wir aus personenrechtlichen Gründen verändert. Für die neu erfundenen Namen erklären Verlag und Autoren, dass Personen mit diesen Namen in den behandelten vier authentischen Kriminalfällen niemals existiert oder agiert haben. Etwaige Übereinstimmungen sind rein zufällig.

Eine Ausnahme bilden die Namen der ermordeten Volkspolizisten: Karl Lindner, Manfred Biernaczyk, Gerhard Gergaut und Lutz Lawrenz. Wir haben uns trotz einiger Bedenken entschlossen, die Opfer mit Vor- und Nachnamen zu nennen – wie andere Autoren vor uns, die über wahre Kriminalfälle berichteten. Man sollte den ermordeten Volkspolizisten die Ehrbezeugung nicht durch eine Anonymität nehmen.

Zitate aus den Originaldokumenten, zum Beispiel aus Gutachten und Vernehmungsprotokollen, sind wie die dazugehörige Dokumentenquelle in einigen Fällen *kursiv* gesetzt, insbesondere dann, wenn es sich um längere Texte handelt. Dadurch ist im Sinne einer besseren Lesbarkeit auf den ersten Blick sichtbar, welche Details und Aussagen zitiert wurden. Auslassungen in den Dokumenten sind durch (…) gekennzeichnet. Die Abbildungen haben wir den Akten der BStU entnommen.

Wir danken allen sehr herzlich, die unser Projekt engagiert unterstützt haben, an erster Stelle Frau Christel Brandt von der BStU für die Bereitstellung der Akten.

Oft werden wir gefragt, warum wir so alte Geschichten neu erzählen. Die Antwort ist relativ einfach: Als sie passierten, waren es eben keine »alten Geschichten«, sondern solche, in denen Menschen zu Tode gekommen waren und die Angehörigen Wunden davontrugen, mit welchen sie fortan leben mussten. Wir widmen dieses Buch deshalb den Opfern und ihren Familienangehörigen und haben den Wunsch, dass diese blutigen Taten und die Umstände ihrer versuchten oder geglückten Aufklärung niemals vergessen werden.

*Remo Kroll und Frank-Rainer Schurich*

## Zwei Pistolenschüsse

### Seehausen/Börde. Sonntag, 13. Februar 1972

Der Kriminalfall, über den wir berichten wollen, ereignete sich in der DDR vor über 47 Jahren in Seehausen, Kreis Wanzleben, westlich der Bezirksstadt Magdeburg. Heute ist die Stadt Seehausen mit ungefähr 1.800 Einwohnern ein Ortsteil der Stadt Wanzleben-Börde im Landkreis Börde, Bundesland Sachsen-Anhalt. Der westlich gelegene kleine See hat der Stadt ihren Namen gegeben.

Im Februar 1972 war die Bevölkerung dieser Kleinstadt und der gesamten Umgebung in Angst und Schrecken versetzt. Einige vertraten sogar die Meinung, dass man einen Galgen auf dem Marktplatz aufstellen und den Verbrecher hängen sollte – dann wüssten die Menschen wenigstens, dass dieser keinen mehr gefährden könnte. »Man sollte ihn sofort erschießen, dieses Schwein«, meinte ein anderer. »Das sind ja Zustände wie im Westen«, sagte eine BRD-Bürgerin, die in Seehausen zu Besuch war. »Wenn die alle im Osten noch Waffen hätten, dann würden auch die DDR-Bürger nur so um sich schießen.«

Doch damit nicht genug. Unter den Freiwilligen Helfern der VP kursierte die Auffassung, dass das Opfer noch hätte leben können, wenn man den Verbrecher damals eingesperrt hätte, als er dem Hoge die Waffe entwendete. Und auch Hoge hatte die Kriminalisten mehrfach eindringlich gewarnt: »Schafft den hinter Gitter, bevor noch Schlimmeres passiert!« Und es war passiert!

Als die Gerüchte um den Mord in Seehausen die Runde machten, verbot eine Mutter ihrem zwanzigjährigen Sohn, am Montag zur Arbeit zu gehen; der Mörder würde auch ihn rücksichtslos umlegen. Zu den Gerüchten gehörte auch, dass ein Lehrer angeschossen worden wäre; die Verwandten fuhren sogleich zu seiner Wohnung, um sich zu überzeugen, dass ihm nichts passiert sei. Was denn auch so war.

Jedenfalls war das Mordopfer, der ABV, Unterleutnant der VP Karl Lindner, beliebt und genoss großes Ansehen im Ort. Übereinstimmend äußerten die Seehausener den Wunsch, den Mörder alsbald zu fassen; sonst hätten sie gar keine Ruhe mehr. Und es wurde auch thematisiert, dass Jatzek, so hieß der rasch ermittelte Täter, 1970 wegen eines Selbstmordversuchs in der Psychiatrie in Haldensleben gewesen war. Er hatte Mädchen und junge Frauen mit einem Taschenmesser bedroht; nach seiner Ausnüchterung hatte er versucht, sich zu erhängen. Als er nach Seehausen zurückgekehrt war, sagte er in seinem Betrieb: »Den Lindner bringe ich einmal um!« Warum hatte das keiner ernst genommen? Warum hatte man ihn nicht in Haldensleben gelassen? Denn Jatzek war nur zu trauen, wenn man ihn vor sich hatte, aber nicht, wenn er hinter einem stand …

Im Betrieb von Jatzek, dem VEB Hydraulik Seehausen, kochte es. Die Gesetze sind zu lasch, viel zu human für einen solchen Gewaltverbrecher, den hätte man früher schon einsperren müssen. Er soll sich ja nicht wieder in Seehausen blicken lassen, wir schlagen ihn tot. Wir wollten ja sowieso mit ihm nichts zu tun haben. Es wurde großes Unverständnis geäußert, warum der ABV Lindner überhaupt zu Jatzek ging, denn er wusste doch, dass dieser zu Tätlichkeiten neigte. Wenn Jatzek nicht bestraft würde, gäbe es einen Aufstand!

Einige Bürger Seehausens hatten am Sonntag, den 13. Februar 1972, nach Bekanntwerden des Vorkommnisses ihre Häuser und Höfe verschlossen.

Es herrschte also Wut und Angst. Doch was war konkret geschehen am Sonntag, den 13. Februar 1972, in diesem ansonsten friedlichen und beschaulichen Seehausen, in dem auch Klaus Jatzek wohnte? Wir werden darauf zurückkommen, erst einmal die Vorgeschichte.

Ein Jahr zuvor, am 21. Februar 1971, besuchte Klaus Jatzek die Gaststätte *Deutscher Hof* in Seehausen, Breiter Weg 23. Unter Alkoholeinfluss kam es zu einer Auseinandersetzung zwischen ihm und den Gaststättenleiter Fritz Havermann, was dem ABV von Seehausen, Unterleutnant der VP Hoge, angezeigt wurde. In der Anzeige können wir lesen, dass der Gastwirt von Klaus Jatzek durch mehrere Fußtritte verletzt wurde; das Opfer wurde wegen Prellungen arbeitsunfähig geschrieben. »Als Klaus Jatzek«, schrieb der ABV, »mit der Gasherdplatte, dem Kartoffelstampfer und dem Messer nichts mehr versehen konnte und dieses durch Havermann verhindert wurde, trat Klaus Jatzek um sich. In drei Fällen traf er den Havermann, so dass er einmal gegen den Kühlschrank, ein zweites Mal gegen das Waschbecken und ein drittes Mal gegen das Kastenschloss der Küchentür fiel.« Die Kriminalpolizei in Wanzleben ermittelte gegen den Farbspritzer Klaus Jatzek, geboren 1949, beschäftigt im VEB Hydraulik Seehausen, wegen Körperverletzung gemäß Paragraph 115 StGB der DDR. Das abgeschlossene Verfahren wurde dem Kreisstaatsanwalt in Wanzleben übergeben. Da Jatzek von 1968 bis 1970 Angehöriger der NVA war, informierte man auch das Wehrkreiskommando Wanzleben.

Der die Untersuchung führende Kriminalist war Oberleutnant der K Duckstein, und es sollte nicht seine letzte Beschäftigung mit dem Bürger Jatzek sein. Am 28. Dezember 1971 meldete der andere Seehausener ABV, Unterleutnant der VP Lindner, wieder ein paar Vorkommnisse zur Kriminalpolizei nach Wanzleben. Jatzek hatte im betrunkenen Zustand mit dem Luftgewehr auf Menschen geschossen und auch auf fahrende Pkw Zielschüsse abgegeben. Alkoholisiert überfiel er einen Bürger in der dunklen Poststraße. Seine Eltern, bei denen er wohnte, und seinen Bruder vertrieb er unter Alkoholeinfluss und mit dem Luftgewehr mehrfach aus ihrer Wohnung, die sie fluchtartig verlassen mussten. Er würgte zwei Rentnerinnen aus Seehausen und schlug ihnen ins Gesicht. Er versuchte sogar, stark betrunken, einen Angehörigen der VP, nämlich Hoge, zu entwaffnen, in der staatlichen Arztpraxis bedrohte er den Arzt und die zur Hilfe gerufenen Volkspolizisten mit zwei

Scheren und einer Nagelfeile. Und so weiter. Oberleutnant Duckstein führte daraufhin am 29. Dezember 1971 ein Gespräch mit dem Übeltäter, in dem dieser erklärte, dass er Alkoholiker sei und die »Ausraster« auf den übermäßigen Alkoholgenuss zurückzuführen wären. Duckstein ermahnte ihn, den Alkoholkonsum einzuschränken und sich in der Zukunft ordnungsgemäß zu verhalten – was Jatzek erstaunlicherweise in vollem Umfang akzeptierte.

Aber schon im Januar 1972 und am 12. Februar 1972 konsumierte Klaus Jatzek in der HO-Gaststätte *Ratskeller* in Seehausen erneut größere Mengen Alkohol. Mit drei Männern kam es gegen 24 Uhr zu einem Streit aus nichtigem Anlass – und zu einer tätlichen Auseinandersetzung, bei der Jatzek einem Mann die Jacke zerriss. Kurz nach Mitternacht klingelte der Geschädigte beim ABV Lindner und erstattete Anzeige gegen Jatzek wegen Sachbeschädigung.

Am darauffolgenden Vormittag gegen 10.30 Uhr suchte Lindner Jatzek in der elterlichen Wohnung auf und wies ihn darauf hin, dass gegen ihn eine Anzeige erstattet worden ist. Es kam zu einer Auseinandersetzung, Lindner wurde niedergeschlagen. Er rief um Hilfe, und die Mutter kam ins Zimmer gestürmt und verfolgte das Geschehen. Jatzek entwendete dem am Boden liegenden ABV die Dienstwaffe gewaltsam; dabei wurde die Fangschnur der Pistole, die am Koppel des ABV befestigt war, zerrissen. Aufgrund des Hilferufs von Lindner strömten weitere Hausbewohner herbei, Jatzek gab zwei Schüsse auf den am Boden liegenden Lindner ab und flüchtete mit gezogener Pistole aus der Wohnung. Um 11.05 Uhr teilte Herr Kleiner, gleiche Anschrift wie Jatzek, über VP-Notruf mit, dass sich der ABV Lindner in der Wohnung von Jatzek befindet und dort zwei Schüsse gefallen sind. Sie trauen sich nicht mehr aus der Wohnung.

Unterleutnant der VP Hoge wurde daraufhin umgehend zum Wohnsitz des Jatzek geschickt. Schon um 11.13 Uhr teilte Hoge mit, dass Lindner in der Wohnung tot aufgefunden wurde und Jatzek mit der Waffe flüchtig ist. Hoge übernahm die Sicherung des Tatorts.

Nach dem Überfall auf den ABV, der, wie wir jetzt wissen, sofort angezeigt worden war, wurde er von der Kreisdienststelle (KD) Wanzleben des MfS in einer telefonischen Vorausmeldung dem Operativen Diensthabenden (OpD) der Bezirksverwaltung (BV) Magdeburg mitgeteilt. Der Leiter der KD, Major Bog, schickte unter der Tagebuchnummer 233/72 am 13. Februar 1972 um 13.25 Uhr noch eine Ergänzung an verschiedene Dienststellen des MfS. Darin werden die ersten wesentlichen Erkenntnisse zum Tathergang und zur Flucht von Klaus Jatzek zusammengefasst, ebenso in einem Abschlussbericht zum Fahndungseinsatz vom Leiter des Volkspolizeikreisamts (VPKA) Wanzleben, Major Schulze, auch vom 13. Februar 1972.

Auf der Flucht habe der Jatzek dem Bürger Otto Schrelle in Dreileben, Kolonie, unter Anwendung der Schusswaffe ein Krad vom Typ ES 150 Kubikzentimeter, Farbe schwarz, polizeiliches Kennzeichen HT 14-58, entwendet. Dabei gab Jatzek auf Schrelle einen Schuss ab, ohne ihn aber zu verletzen. Letztmalig wurde Jatzek gegen 11.30 Uhr in Dreileben, Kreis Wanzleben, gesehen. Der Tankinhalt des Kraftrads betrug circa drei bis vier Liter.

Die Untersuchungsgruppe der Abteilung IX der Bezirksverwaltung für Staatssicherheit (BVfS) Magdeburg (Untersuchungsorgan), bestehend aus einem Untersucher, Oberleutnant Sklarek, und einem Sachkundigen für Spurensuche und -sicherung, Oberleutnant Krause, traf am 13. Februar 1972 um 13.55 Uhr in Seehausen ein; die Tatortuntersuchung begann um 14.35 Uhr, teilweise war ein Staatsanwalt zugegen. Angehörige der Kriminalpolizei sicherten den Tatort. Vor dem Eintreffen der Untersuchungsgruppe hatten nur ein Arzt zur Feststellung des Todes und ein Angehöriger der Deutschen Volkspolizei (DVP), der das Vorhandensein von Waffe und Munition prüfte, Zutritt zur Wohnung erhalten. Nach Beendigung der Tatbestandaufnahme wurde die Leiche des ABV zur Medizinischen Akademie Magdeburg, Abteilung Gerichtliche Medizin, überführt. Die Tatortuntersuchung schlossen die Kriminalisten am 13. Februar 1972 um 17.30 Uhr ab.

Der Arzt, der um 16.20 Uhr den Totenschein ausstellte, war H. Bock, Facharzt für Allgemeinmedizin, vom Landambulatorium Eilsleben. Als Todesursache nannte er »Tod durch Erschießen«, eventuell mit der Verletzung der Bauchaorta. Er beantragte die Autopsie in der Gerichtsmedizin Magdeburg.

Nach Bekanntwerden der Verbrechen von Klaus

Jatzek war um 12.30 Uhr eine Großfahndung beziehungsweise eine Eilfahndung Stufe I und II durch den Chef der Bezirksbehörde der Deutschen Volkspolizei (BDVP) Magdeburg eingeleitet worden; das Fernschreiben ging auch an die BV des MfS Magdeburg und an die NVA, Kommando Nord Kalbe/Milde. Gefahndet wurde nicht nur nach Jatzek, sondern auch nach dem entwendeten Motorrad mit dem polizeilichen Kennzeichen HT 14-58.

Ein Bericht über den Fluchtweg von Jatzek nach der Tötung von Karl Lindner von der BVfS Magdeburg, Untersuchungsorgan, vom 30. Mai 1972 lässt uns in einer Kurzfassung erahnen, was wirklich wann und wo passiert ist, zumal auch Kartenmaterial beigefügt war. Die im Bericht angegebenen Ziffern finden sich auf den beiden Karten:

Am 13. Februar 1972 gegen 11 Uhr hatte der ABV Karl Lindner Klaus Jatzek an seinem Wohnort aufgesucht, um einen Sachverhalt mit ihm zu klären. Bei diesem Zusammentreffen schlug Jatzek den ABV nieder, entwendete ihm seine Dienstwaffe und tötete ihn durch zwei Schüsse vorsätzlich. (1)

Nach diesem Verbrechen verließ Jatzek gegen 11.15 Uhr unter Mitnahme der Pistole und Munition aus dem Reservemagazin des ABV die Wohnung. Zu Fuß begab er sich vom Breiten Weg 19 über die Karl-Liebknecht-Straße zur Nebenstraße Am Grauen Tor und zu den am Ortsrand von Seehausen in Richtung Dreileben befindlichen Neubauten. Von hier ab benutzte er einen Pfad und gelangte nach Überqueren der Bahnlinie Eilsleben–Wanzleben auf einen dort verlaufenden Feldweg, der in nordöstlicher Richtung auf die Landstraße Seehausen–Dreileben führt. Auf dieser Straße ging Jatzek bis zu einer 1,7 Kilometer vor Dreileben befindlichen Rechtskurve, in der ein Feldweg beginnt, der in gerader Richtung nach 1,4 Kilometern in eine Betonstraße der Wohnsiedlung Kolonie des Ortes Dreileben übergeht. Hier traf Jatzek gegen 11.45 Uhr auf den in der Kolonie wohnenden Otto Schrelle. (2)

Dem Bürger Otto Schrelle entwendete er nach circa fünf bis sieben Minuten Aufenthalt unter Anwendung der Schusswaffe ein Motorrad Typ »ES 150 ccm« und fuhr damit auf der Betonstraße, die von der Wohnsiedlung Kolonie in den Ort führt, nach Dreileben. Hier unterbrach er in der Hauptstraße 23 (3) für circa zwei bis drei Minuten seine Flucht und lieh sich von der dort wohnenden Hannelore Munter einen Sturzhelm, um bei der weiteren Fahrt keiner Streife der Deutschen Volkspolizei aufzufallen. Gegen 12 Uhr setzte er von Dreileben aus seine Flucht über Bergen nach Groß-Rodensleben fort. Etwa einen Kilometer vor Groß-Rodensleben (4) hatte Jatzke für circa zwei bis drei Minuten die Fahrt unterbrochen, um seine Notdurft zu verrichten und den Sturzhelm festzuziehen. Danach fuhr er über Klein-Rodensleben, Niederndodeleben, Irxleben in Richtung Olvenstedt weiter. Ungefähr einen Kilometer vor Olvenstedt (5) hielt Jatzek erneut für circa zwei Minuten an, um abermals den Sturzhelm festzuziehen. Sein weiterer Weg führte dann nach Magdeburg über Olvenstedter Platz, Wilhelm-Pieck-Allee, Jakobstraße,

Walter-Rathenau-Straße, Berliner Chaussee zur Stadtgrenze. Er fuhr danach über Biederitz, Gerwisch, Möser bis zur Autobahnauffahrt Burg bei Schermen. Hier fuhr er gegen 13 Uhr auf die Autobahn in Fahrtrichtung Berlin und stellte das Motorrad circa 20 Meter hinter der Auffahrt auf der Autobahn am Fahrbahnrand ab. (6) Der Grund des Stopps war, dass er abermals seine Notdurft verrichten musste. Sonst wäre er so weit gefahren, wie der Tank des Motorrads gereicht hätte.

Nach Verrichtung der Notdurft hatte er sich noch circa 20 Minuten in dem an der Autobahn befindlichen Wald aufgehalten und ging dann zu einem circa 500 Meter entfernt liegenden Grundstück der Gemeinde Schermen, Karlshof. (7) Hier traf er gegen 13.30 Uhr auf den Zeugen Klaus-Dieter Neunauge und hielt sich bis 13.50 Uhr bei ihm auf. Anschließend begab sich Neunauge mit dem Jatzek zum an der Autobahn abgestellten Motorrad, und beide fuhren damit zum ABV Krüger in Schermen, wo gegen 14 Uhr die Festnahme Jatzeks erfolgte. (8)

Die durch Jatzek von Dreileben bis zur Autobahnauffahrt Burg bei Schermen befahrene Strecke betrug 50 Kilometer. Er sagte später aus, dass er beim Durchfahren von Ortschaften die Höchstgeschwindigkeit von 50 Kilometern pro Stunde eingehalten habe. Außerhalb der Ortschaften fuhr er mit einer Geschwindigkeit von 90 bis 100 Kilometern pro Stunde.

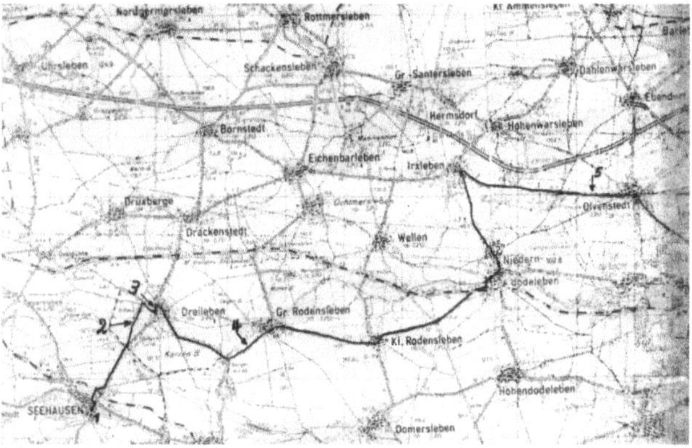


Fluchtweg von Jatzek I
Die Ziffern im vorstehenden Text verweisen auf die Orte.

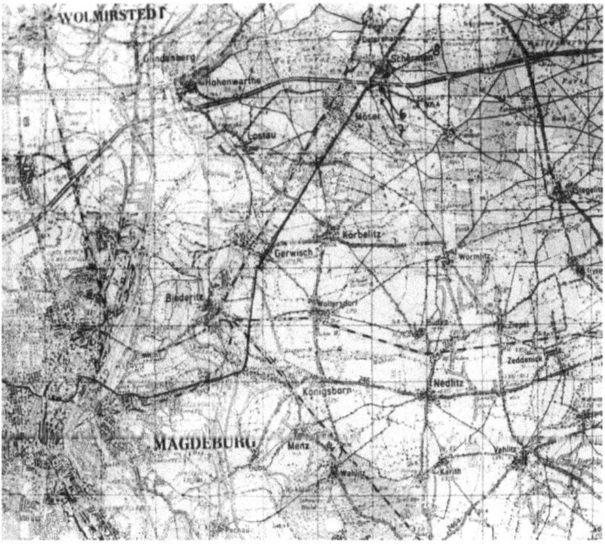


Fluchtweg von Jatzek II
Die Ziffern im vorstehenden Text verweisen auf die Orte.

Täterfoto Klaus Jatzek

Die weiteren Ermittlungen führte die Untersuchungsabteilung der BV des MfS Magdeburg. Am 13. Februar 1972 wurde gemäß Paragraph 98 der StPO der DDR gegen Klaus Jatzek ein Ermittlungsverfahren verfügt, der des individuellen Terrors im schweren Fall tateinheitlich mit Mord dringend verdächtig war. Die Verfügung wurde allerdings am 23. Juni 1972 inhaltlich verändert: »Der Beschuldigte Jatzek ist des Unternehmens des Terrors dringend verdächtig, indem er am 13. Februar 1972 nach der vorsätzlichen Tötung eines Offiziers der DVP dessen Schusswaffe an sich nahm mit dem Ziel, mittels Waffengewalt die Staatsgrenze zur BRD im Abschnitt Ohrsleben, Kreis Oschersleben, zu durchbrechen und dabei Widerstand gegen die dort eingesetzten Grenzsicherungskräfte der NVA zu leisten. Auf seinem Fluchtweg bedrohte der Beschuldigte mit der Waffe die Bürger Otto und Erika Schrelle, wandte sie gegen die Genannten, indem er aus der Tasche seines Anoraks einen Schuss in Richtung der beiden Personen abgab, um sich widerrechtlich in den Besitz eines Motorrades für seine weitere Flucht zu setzen. Den Bürger Tietze bedrohte er dabei mit der Waffe in der Absicht, auf diesen zu schießen, falls er an seiner weiteren Flucht gehindert werden sollte.« Als Untersuchungsführer benannte man Leutnant Möbius. Am 5. Juli 1972 teilte dieser Jatzek mit, dass das Ermittlungsverfahren erweitert worden und er nun des Unternehmens des Terrors an der Staatsgrenze der DDR dringend verdächtig sei (Paragraph 101 Absatz 1 StGB).

Klaus Jatzek war am 13. Februar 1972 in die Untersuchungshaftanstalt Magdeburg Neustadt eingeliefert worden. Der Staatsanwalt des Bezirks Magdeburg beantragte am 14. Februar 1972 bei der Strafkammer des Kreisgerichts Magdeburg einen Haftbefehl, der noch am gleichen Tag vom Kreisgericht Magdeburg-Süd mit dem Aktenzeichen I/4/72 erlassen wurde. Handschriftlich vermerkte jemand auf dem Dokument: »Der genannte Tatverdacht beruht auf Geständnis des Beschuldigten.«

Am 14. Februar 1972 um 13.15 Uhr ergänzte Oberärztin Dr. med. Margot Laufer, Fachärztin für Gerichtliche Medizin, von der Abteilung Gerichtliche Medizin des Pathologischen Instituts der Medizinischen Akademie Magdeburg den Totenschein. Als sichere Todesursache benannte sie eine Schussverletzung des Bauches.

Die Obduktion hatten OMR Prof. Dr. Friedrich Wolff und Oberärztin Dr. med. Margot Laufer in ebendiesem Institut durchgeführt, und zwar in der Zeit von 11 bis 20 Uhr – mit einer zweistündigen Unterbrechung.

Im Leichenöffnungsbericht vom 14. Februar 1972 gingen die Obduzenten davon aus, dass der Tod nach zweimaliger Schussverletzung des Bauches mit Durch- und Steckschuss infolge Verblutung eingetreten ist.

Zum ersten Schuss: »Nach der relativ großen Schussöffnung mit dem breiten Schürfsaum muss das Geschoss verkantet, offenbar als Querschläger, eingedrungen sein und ist links im 4. Lendenwirbelkörper mit der Spitze nach unten liegen geblieben. (…) Das im Wirbelkörper vorgefundene Projektil besaß ein Kaliber von 9 mm und zeigte eine deutliche bogenförmige Schrammung. Diese ist entstanden durch einen tangentialen Aufschlag auf Metall vor Eintritt in den Körper. Dadurch ist auch die Verkantung der Geschosslängsachse zustande gekommen.«

Der zweite Schuss, der Bauchdurchschuss, erfolgte von hinten nach vorn. Beim Ausziehen der eng anliegenden Bluse des Opfers fiel das noch fehlende Projektil Kaliber 9 mm auf den Tisch. Im Bereich der Schussstelle des Rückens wies die gesamte Bekleidung in gleicher Höhe ein Schussloch auf.

Nach den vitalen Reaktionen sind beide Schüsse relativ kurze Zeit hintereinander abgegeben worden und »betrafen jeweils einen lebenden Organismus, d. h. mit noch intakten Lebensfunktionen«. Der Steckschuss hatte nicht unmittelbar lebenswichtige Organe verletzt. Es war zwar zu Darm- und Magenverletzungen gekommen, »sie haben doch die Handlungsfähigkeit nicht unmittelbar und sofort eingeschränkt, so dass dem Geschädigten noch bestimmte Handlungen möglich waren, einschließlich der Fortbewegung. Der Durchschuss betraf die Wirbelsäule mit Verletzung des Rückenmarks und eine Eröffnung der Bauchschlagader an der Teilungsstelle in die gemeinsamen Beckenschlagadern. Abgesehen von den übrigen noch entstandenen Verletzungen war die Läsion der Wirbelsäule durchaus geeignet, einen sofortigen Zusammenbruch mit Hinstürzen zu verursachen. Infolge des rasch einsetzenden Blutverlustes trat dann binnen weniger Minuten der Tod ein. Von diesen Überlegungen ausgehend, dürfte der Steckschuss der erste gewesen sein – hatte er doch die Lebensfunktion noch eine bestimmte Zeit zugelassen – und der Bauchschuss der zweite.«

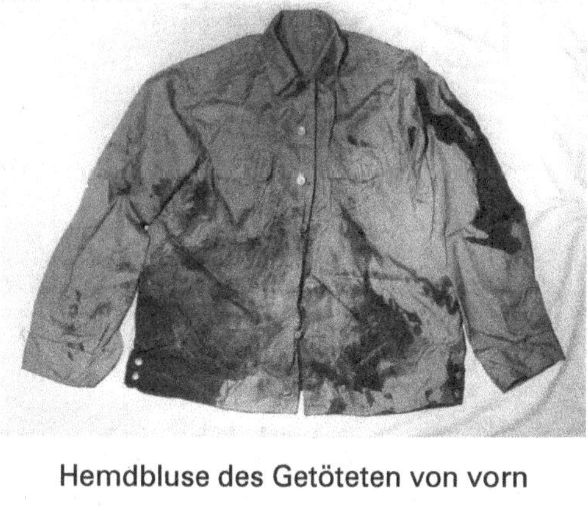

Hemdbluse des Getöteten von vorn

Ebenfalls lag aufgrund des Obduktionsbefunds eine zweimalige umschriebene, stumpfe Gewalteinwirkung gegen das Gesicht vor (Schwellung der linken Mundgegend, einschließlich der Lippen und der rechten Kinnseite). Die Gerichtsmediziner erklärten die erhobenen Befunde durch Schläge mit der Faust, die aber mit einer erheblichen Kraft geführt worden waren.

Wie wir aus dem Spurensicherungsprotokoll vom 15. Februar 1972 erfahren, sicherte Oberleutnant Krause vom Untersuchungsorgan der BV Magdeburg noch weitere Spuren als Ergebnis der Obduktion: die beiden gefundenen Projektile, einen kleinen braunen Kunststoffsplitter aus dem Schusskanal und vier weitere Splitter von der Bekleidung, eine kleine Substanzfaser im Schusskanal – zwei Zentimeter tief im Rücken der Leiche –, geringe braune Substanzpartikel von der Stirnpartie der Leiche sowie geringe Substanzfasern von der Stoffdurchtrennung im Vorderteil des Uniformmantels und der Uniformhose. Die Spuren wurden in Glasröhrchen durch Mitnahme gesichert.

Am 29. Februar 1972 wurde das entwendete Motorrad dem Eigentümer Otto Schrelle in Dreileben, Kolonie, zurückgegeben. Es musste alles seine Ordnung haben.

Offen war noch geblieben, wie Jatzek konkret festgenommen werden konnte. Hier lag dem MfS ein Festnahmebericht der Kriminalpolizei des VPKA Burg vom 13. Februar 1972 vor, aus dem interessante Fakten zu erfahren waren, über die Kriminalobermeister Lorenz berichtete.

Danach wurde am 13. Februar 1972 gegen 14 Uhr eine männliche Person durch den Bürger Klaus-Dieter Neunauge dem ABV von Schermen, Unterleutnant der VP Krüger, gebracht. Neunauge erklärte dem ABV, dass dieser Bürger sich stellen will, und verließ daraufhin mit einem Gruß die Wohnung des Volkspolizisten.

Jatzek und Krüger, der überhaupt nicht ahnen konnte, was eigentlich vorgefallen war, gingen in das Dienstzimmer des ABV, das sich mit im Wohnhaus befand. Dort angekommen, bot der Polizist dem Unbekannten keinen Platz an, sondern sagte sehr dienstlich: »Zeigen Sie bitte Ihren Personalausweis!«

»Ich habe keinen, aber ich will mich stellen, wirklich«, sagte Klaus Jatzek.

»Was haben Sie denn angestellt?«

Jatzek wirkte unruhig, zitterte am ganzen Körper, er war aufgeregt, gab keine eindeutigen Antworten. Er griff in die rechte Tasche seiner Dederonkutte, und etwas zögerlich kam in der rechten Hand eine Pistole zum Vorschein, deren Lauf nach unten zeigte. So wollte er wohl andeuten: »Ich werde nicht auf dich schießen.« Die beiden Männer standen sich gegenüber, so dass Krüger nach einer ganz kleinen Schrecksekunde sofort zum Arm von Jatzek griff und ihm die Pistole Marke »Makarow« abnahm. Jatzek leistete keinerlei Widerstand.

Der ABV handelte schnell und richtig. Er entfernte das Magazin aus der Pistole, die entsichert und gespannt war. Jatzek hätte also sofort schießen können, wenn er es gewollt hätte. Der ABV sah auch nach, ob sich noch ein Schuss im Lauf befand, was nicht der Fall war. Im Magazin befanden sich acht Patronen.

»Wo haben Sie die Pistole her?«, wollte Krüger nun wissen, nachdem er innerlich etwas zur Ruhe gekommen war.

»Die habe ich einem Polizisten in Seehausen abgenommen.«

Krüger durchsuchte die Person gründlich; ein weiteres Magazin fand er nicht, nur noch eine einzelne Patrone. »Wie heißen Sie denn nun?«

Die Antwort wirkte, als wenn er sie schon oft bei Behörden vorgetragen hatte, etwas militärisch und bürokratisch sogar: »Jatzek, Klaus, geboren am 18. Juni 1949 in Seehausen, wohnhaft in Seehausen, im Kreis Wanzleben.«

»Setzen Sie sich bitte hierhin und rühren Sie sich nicht! Bitte!« Krüger schob ihn unter Beachtung der Eigensicherung auf einen Stuhl und informierte um 14.20 Uhr den Operativen Diensthabenden (OdH) des VPKA Burg über seine vorläufige Festnahme, der Streifenwagen traf schon um 14.30 Uhr ein, dessen Besatzung Jatzek und die Waffe samt Munition zum VPKA Burg brachte. Jatzek wurde danach im VPKA Burg den Mitarbeitern der BVfS Magdeburg übergeben.

Die erste Beschuldigtenvernehmung begann am 13. Februar 1972 um 16.30 Uhr und endete am 14. Februar 1972 um 6.30 Uhr. Aus dem Protokoll erfahren wir nun beweiskräftig, dass Klaus Jatzek von Herbst

1968 bis zum Frühjahr 1970 als Gefreiter/Richtschütze seinen Wehrdienst in der NVA ableistete. Er wurde insgesamt mit fünf Ordnungsstrafen (von Herbst 1968 bis Herbst 1971) belegt; insgesamt hatte er 950 Mark zu zahlen, staatliche Auszeichnungen hatte er nicht bekommen.

Klaus Jatzek war geständig. Er gab an, seit dem Jahr 1968 einen »großen Rochus« auf Lindner gehabt zu haben, weil er als Volkspolizist immer wieder gegen sein rowdyhaftes Verhalten in Seehausen einschritt. Er fasste bereits zu diesem Zeitpunkt den Entschluss, ihn bei einer passenden Gelegenheit umzubringen. Dieser Entschluss verstärkte sich noch, als Jatzek im Februar 1971 nach einer angezeigten Straftat in Seehausen von Lindner im Beisein des ABV Hoge und zwei weiteren Volkspolizisten aus Wanzleben aus der elterlichen Wohnung geholt worden war; Jatzek hatte sich selbst verletzt und wurde mit einem Funkstreifenwagen in das Krankenhaus nach Bahrendorf gebracht. Lindner legte Jatzek sofort Handfesseln an, was der Festgenommene als große Erniedrigung ansah. Er dachte damals, dass er in Haft kommt, und deshalb sagte er vor den Zeugen zum ABV Lindner: »Wenn ich rauskomme, bringe ich dich um!« (Hoge bestritt aber später in einer Vernehmung, dass er diese Morddrohung gehört hatte.)

Am Vorabend des Mordes hatte er in der Gaststätte, so sagte er in seiner Vernehmung, circa acht Gläser Bier und drei Gläser Kaffeelikör getrunken. Die in der Wirtschaft begonnene Auseinandersetzung ging auf dem Nachhauseweg weiter, den er mit den drei anderen Kumpanen gemeinsam einschlug. Ein »Rudi« behauptete immer wieder, dass Jatzek mit einem Mädchen aus dem Ort, Karin Rottmann, geschlafen haben soll, was dieser aber energisch und wütend abstritt. Sie trennten sich am Wohnhaus von Jatzek, aber »Rudi« kam mit in den Hausflur, wo sich die Lage dann zuspitzte. Dabei fasste Klaus Jatzek den »Rudi« an die »Binde«, wobei dessen Anorak zerriss. Nachdem er ihn losließ, gingen sie die Treppe zur Wohnung hoch. »Rudi« rief nach der Mutter von Jatzek, die auch oben auf der Treppe erschien, und Jatzek drohte »Rudi« wieder mit einem tätlichen Angriff. Da Jatzek aber, betrunken wie er war, nicht mehr richtig die Treppe hochgehen konnte, half »Rudi« ihm. So viel Kumpel musste schon sein. In der Küche stritten sie weiter, wobei Jatzek den Widersacher mit zwei Messern bedrohte. Die Mutter flehte, dass er das sein lassen solle. Klaus Jatzek legte tatsächlich die Messer beiseite, rannte zum Küchenschrank und trank eine fast volle Flasche mit Fleckenhydrapur (Fleckenwasser) und noch eine Flasche eines anderen Reinigungsmittels aus, um sich zu vergiften. Jatzek verspürte einen starken Brechreiz; »Rudi« gab ihm eine kleine Flasche Kondensmilch und eine Brause zum Trinken, womit sich die Situation tatsächlich entspannte. Gegen 0.30 Uhr verließ »Rudi« die Wohnung, und Jatzek legte sich schlafen, wobei es eine recht unruhige Nacht wurde.

Der Anbau mit Treppenaufgang zur elterlichen Wohnung des Klaus Jatzek im Breiten Weg, vom Hoftor aus gesehen

Gegen 10.40 Uhr stand er auf, ungefähr zehn Minuten später kam der ABV Lindner. Jatzek dachte: Was will das blöde Schwein hier, ich bringe ihn um, ich nehme ihm die Pistole weg und erschieße ihn. Es ging um den zerrissenen Anorak. »Es reicht nun«, meinte der ABV. »Die Anzeige habe ich schon nach Wanzleben geschickt.« Die Mutter war anwesend, hatte aber nichts unternehmen können. Jatzek hätte sie vielleicht auch verprügelt, jedenfalls wusste sie, dass sie sich gar nicht an ihn heranwagen durfte.

Lindner wollte gehen und hatte die Tür bereits zur Hälfte geöffnet, als Jatzek ihn angriff. Der ABV kam seitwärts rücklings zu Fall, Jatzek schlug ihn mit der Faust ins Gesicht, so dass er in den Flur stürzte, aber, aus den Mundwinkeln blutend, wieder aufstehen konnte und unsicher auf seinen Beinen stand. Jatzek ergriff ihn wieder, schleuderte ihn wuchtig gegen die Eingangstür, so dass die Klinke abbrach, dann gegen das im Flur befindliche Gestell und gegen den Kleiderschrank.

Schwerpunktaufnahme der Stelle, wo die Türklinke angebracht war

Nun lag das Opfer auf der rechten Seite mit dem Kopf in Richtung Bodentreppe. Jatzek nahm die Pistole an sich und schoss dem ABV aus einem Meter Entfernung in den Bauch. Lindner war ganz ruhig, so dass Jatzek ihn fragte, ob es »Platzer« wären. Lindner sagte immer noch nichts, und um sich zu überzeugen, dass es scharfe Munition war, schoss Jatzek vom Flur in Richtung Küche. In diesem Moment griff sich der ABV an den Bauch und sagte: »Frau Jatzek, Frau Jatzek! Hilfe! Hilfe! Ich sterbe! Jetzt hat er mir in den Bauch geschossen!«

Ohne ihn weiter zu beachten, lief Jatzek in die Küche, in der er das in der Wand steckengebliebene Geschoss sah. Es war also doch scharfe Munition! Als er sich in Richtung Flurtür umdrehte, sah Jatzek sein Opfer in gebückter Haltung, sich den Bauch haltend. Aus etwa 1,5 Meter Entfernung schoss er ihm ins Herz. Lindner fiel sofort um. So sagte es jedenfalls der Täter in seiner ersten Vernehmung. In der Vernehmung vom 30. März 1972 berichtigte er sich, nachdem ihm das gerichtsmedizinische Gutachten vorgehalten worden war. Nun gab er zu, dass er den ABV bewusst in den Rücken geschossen hatte, weil er trotz seiner schweren Verletzung noch versuchte, aus der elterlichen Wohnung zu fliehen. Und Jatzeks Entschluss war ja, ihn nicht mehr lebend aus der Wohnung zu lassen. Wörtlich sagte Jatzek dazu: »Meine Absicht war es, den Unterleutnant der DVP Lindner, Karl, als er in der Tür stand und seine linke Körperseite in meine Richtung zeigte, mit einem ›Herzschuss‹ zu ermorden. Da er sich jedoch schnell umdrehte und versuchte zu fliehen, habe ich ihn in den Rücken geschossen, um ihn endgültig zur ›Strecke‹ zu bringen. Über diesen zweiten Schuss auf Lindner, Karl, habe ich bisher bewusst falsch ausgesagt, weil ich unter allen Umständen nicht zugeben wollte, dass ich einen feigen und hinterhältigen Mord begangen habe.«

Der Mörder entnahm der Pistolentasche noch das Ersatzmagazin, entfernte, da es defekt war, die Munition und steckte das leere Magazin wieder in die Pistolentasche.

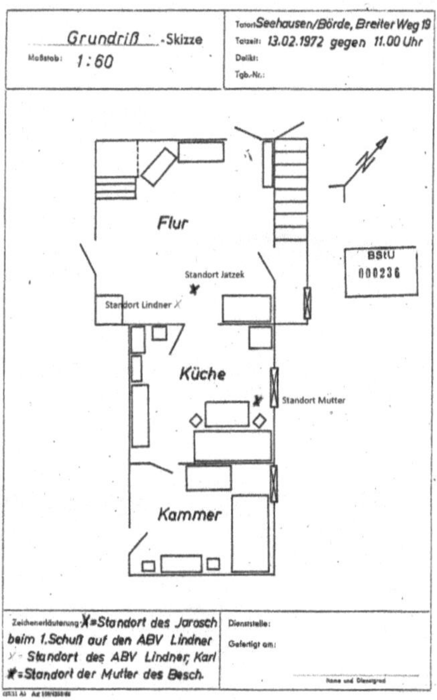


Tatortskizze

Übersichtsaufnahme von der Küche mit Lage der Leiche
und Blick auf den Flur

Spur 6: eine zweite Patronenhülse – 9 mm kurz,
gefunden auf einer Liege

Spur 10: eine dritte Patronenhülse – 9 mm kurz. Sie wurde gefunden, nachdem man die Leiche gedreht hatte.

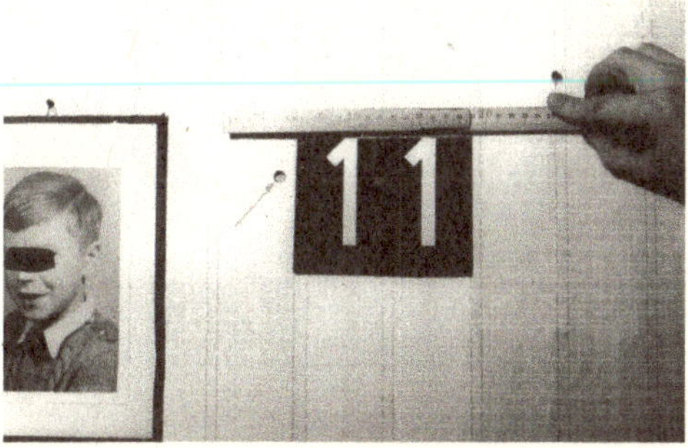


Spur 11: lochartige Beschädigung an der Wand

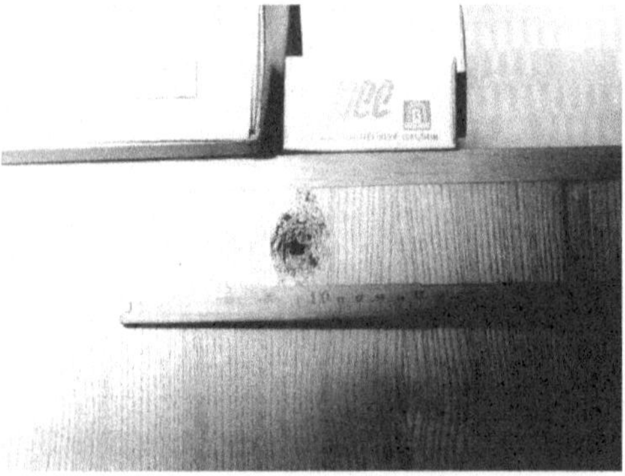

Trichterförmige Beschädigung im Schrank

Schlafkammer mit Blick auf die Tür zum Wohnzimmer – in Richtung einer Auffindungsstelle eines Projektils, Kaliber 9 mm, in der Wand

Detailaufnahme des Projektils, Kaliber 9 mm, im Wandputz

Jatzek war klar, dass er sich nur durch Flucht einer Strafe entziehen konnte. Auf dem Hof fragte er noch einen Rentner, ob er ihn nach Magdeburg fahren könne. Dieser machte jedoch keine Anstalten, das Fahrzeug zu holen, so dass sich Jatzek zu Fuß in Richtung Autobahn begab. Er wollte per Anhalter in eine größere Stadt fahren und dort erst einmal untertauchen, bis die Großfahndung vorbei ist, um dann über Hamersleben, Wackersleben, Ohrsleben in die BRD zu gelangen. Er ging nicht gleich Richtung Grenze, weil er wusste, dass die Polizei in Wanzleben bereits informiert war. Das hatte ihm seine Mutter gesagt; der Nachbar hätte, als er die Schüsse hörte, bereits den Notruf verständigt.

In der Kolonie Dreileben sah er vor einem Haus seinen ehemaligen Turnlehrer Otto Schrelle. Er begrüßte ihn in einem Abstand von einem Meter. Die Hand gab er ihm nicht, weil er damit die in seiner rechten Tasche der Dederonkutte befindliche Pistole schussbereit umspannt hielt. Er bat diesen, mit ihm auf seinem Krad, das im Schuppen sichtbar stand, in die Ortschaft Dreileben oder besser noch zur Autobahn zu fahren. In diesem Moment kam auch Frau Schrelle aus dem Haus. Eine Gefahr, festgehalten zu werden, drohte aber nur von Otto Schrelle, den Jatzek im Auge behielt. Falls er schon Kenntnis von dem Mord an dem ABV hätte, wollte Jatzek auf seinen ehemaligen Sportlehrer schießen. Und weil sich dieser nicht entschied, ob er fahren wolle oder nicht, zeigte Jatzek beiden zur Einschüchterung die Pistole und sagte: »Ich habe Karl Lindner ermordet.« Dabei zielte er auf Schrelle, wobei er den Finger am Abzug hatte. Er erkannte, dass sein Lehrer große Angst hatte.

Jatzek steckte die Pistole wieder in die rechte Tasche seiner Dederonkutte und behielt sie schussbereit mit der Hand umfasst. Als er merkte, dass Schrelle noch immer keine Anstalten machte, um sein Krad aus dem Holzschuppen zu holen, gab Jatzek einen Warnschuss aus der Tasche seiner Dederonkutte ab.

Jatzek stand zwei Meter von Otto Schrelle entfernt, dessen Frau stand in zwei Meter Entfernung neben ihrem Mann, zwischen den beiden etwa in Hüfthöhe ging der Schuss durch. Es war ja ein völlig unkontrollierter Schuss, nicht gezielt. Er hätte auch eine Person treffen können, das war Jatzek aber völlig egal.

Otto Schrelle erklärte sich nun bereit, ihn zu fahren. Schrelle holte das Krad aus dem Schuppen und bockte es in Jatzeks Nähe auf. »Er müsste sich aber noch etwas überziehen«, sagte seine Frau. Otto Schrelle sah Jatzek fragend an, worauf der Flüchtige nickend seine Zustimmung gab. Mit den Worten »Los! Vorwärts!« gab Jatzek ihm unmissverständlich zu verstehen, dass er ihn jetzt fahren muss. Otto Schrelle ging ins Haus, seine Ehefrau blieb wie versteinert stehen. Sie flehte, ihrem Ehemann nichts zu tun, sie hätten doch zwei Kinder. Jatzek gab ihr zu verstehen, dass Otto nichts passieren wird, wenn seine Forderung nun endlich erfüllt wird.

Hinter dem Haus im zweiten Eingang fand eine Hausschlachtung statt, das hatte Jatzek gesehen. Erst als Otto Schrelle ins Haus gegangen und eine Weile vergangen war, rief eine männliche Person, und Jatzek war nunmehr klar geworden, dass Otto Schrelle ihn nicht fahren werde und die Polizei gerufen wird. Jatzek drehte sich zu dem Rufer, der von der Kleidung her ein Fleischer war, und sah, dass mit ihm noch zwei Männer an einem Tisch standen, der circa drei Meter vor dem zweiten Eingang des Hauses stand, etwa 20 Meter von Jatzek entfernt. Auch auf diese Person, den späteren Zeugen Otto Tietze, richtete Jatzek seine Pistole. Die Männer kamen auf ungefähr acht Meter zu ihm heran, woraus er folgerte, dass sie ihn an der weiteren Flucht hindern wollten. Jatzek richtete die sich noch immer in seiner rechten Tasche der Dederonkutte befindliche Pistole, die er mit dem Finger am Abzug in der Hand hatte, etwa in Hüfthöhe auf die rufende Person. Hierbei zeigte der Lauf der Waffe etwa zwei Zentimeter aus dem durch die vorherige Schussabgabe verursachten Loch der Tasche. Jatzek hätte sofort geschossen, falls jemand noch näher herankäme.

Otto Tietze sah den Lauf der Waffe, blieb sofort stehen; die Angst stand auch ihm ins Gesicht geschrieben. Er ging sofort schnellen Schrittes zurück in Richtung des zweiten Hauseingangs.

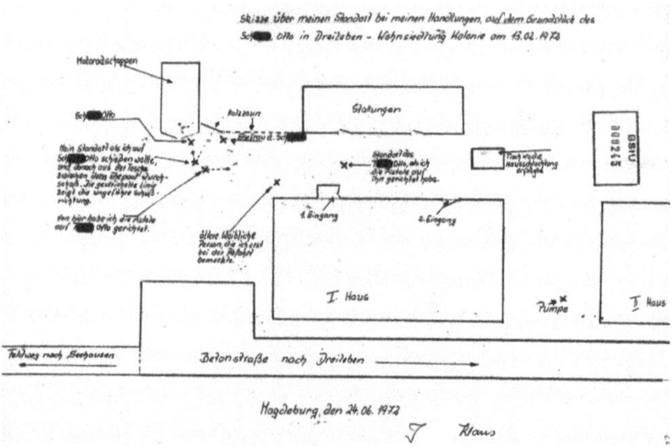


»Skizze über meinen Standort bei meinen Handlungen auf dem Grundstück des Schrelle, Otto in Dreileben – Wohnsiedlung Kolonie am 13. Februar 1972«

Übersichtsaufnahme zum Tatort Dreileben

Übersichtsaufnahme. 1 zeigt die Lage der Hülse, 2 eine Schuhspur, vermutlich Standort desTäters bei der Abgabe des Schusses. 3 zeigt eine Lattentür, wo ein Durchschuss festgestellt wurde.

Übersichtsaufnahme des Hühnerhofes. 4 deutet die Latte an, wo der Schuss eingeschlagen und zurückgeprallt war. 5 zeigt die Stelle, an welcher das Projektil gefunden wurde.

Da Otto Schrelle nicht kam und das alles zu lange dauerte, startete Jatzek das Motorrad selbst und fuhr zu Hannelore Munter in Dreileben, deren Mann er vom Angelklub kannte. Er lieh sich einen Sturzhelm, da eine Fahrt ohne Helm ja sofort einer VP-Streife aufgefallen wäre – zumal er keine Fahrerlaubnis besaß.

Von Dreileben fuhr er über die Dörfer nach Magdeburg und von dort aus weiter in Richtung Burg zur Autobahnauffahrt. Kurz davor stellte er das Krad ab und lief ungefähr 500 Meter in den Wald hinein. Hier stellte er ein Glas auf und schoss darauf. Eigentlich wollte er sich mit der Pistole erschießen, aber es fehlte ihm der Mut.

Übersichtsaufnahme des Ereignisorts in Schermen aus südlicher Richtung

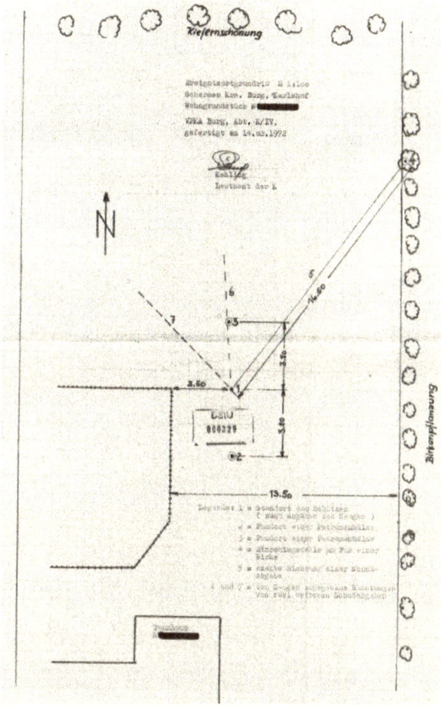


Ereignisortgrundriss im Maßstab 1:100, Schermen, Kreis Burg, Karlshof, Wohngrundstück Neunauge

Auf einem Waldweg sah er an einem Gehöft vier circa 25 Jahre alte Männer stehen, und da er Durst hatte, erbat er ein Glas Wasser, was man ihm auch brachte. Bei der Unterhaltung zeigte Jatzek ihnen die Waffe und erzählte, dass er einen ABV ermordet hatte. Sie lachten und glaubten das nicht, woraufhin Jatzek auf einen Handwagen schoss. Er zielte noch auf zwei Bäume, traf sie aber nach seiner Auffassung nicht. Ein Projektil traf eine Birke, drang aber nicht in den Stamm ein und prallte ab. Es wurde später nicht gefunden.

1 Standpunkt des Schützen; 2 und 3 Fundorte der Patronenhülsen; 4 Auftreffstelle eines Projektils an einem Birkenstamm

Der eine junge Mann gab Jatzek zu verstehen, dass er ebenfalls vorbestraft sei und in Haft war. Der Flüchtige hoffte nun, sich bei ihm auf seinem Grundstück verstecken zu können, um die Großfahndungsmaßnahmen abklingen zu lassen und die weitere Flucht in Ruhe durchdenken zu können. Der junge Mann lehnte aber ab. Er forderte Jatzek auf, sich zu stellen, der die Ausweglosigkeit der Situation nun erkannte. Und er entschloss sich, sich zu stellen. Zwei Männer begleiteten ihn zum Motorrad, und Klaus-Dieter Neunauge fuhr mit ihm auf dem Sozius zum ABV in Schermen.

Klaus Jatzek sagte in der Vernehmung vom 2. Mai 1972 ergänzend aus, dass er bis zu diesem Zeitpunkt, als er mit dem jungen Mann auf einem Grundstück in der Nähe von Schermen zusammentraf und auf dessen Anraten den Entschluss fasste, sich der Volkspolizei zu stellen, rücksichtslos auf jede Person geschossen hätte.

In den darauffolgenden 37 Vernehmungen, deren Protokolle wir in den Akten fanden, korrigierte oder widerrief Klaus Jatzek einige Aussagen, weil er durch den Gang der Untersuchungen immer mehr in Erfahrung gebracht hatte, was ihn belastet und was nicht. Ergänzt werden muss, dass Klaus Jatzek am 16. Februar 1972 in das Krankenhaus Meusdorf eingeliefert werden musste. Es bestand Lebensgefahr, vermutlich hervorgerufen durch die toxische Wirkung des Fleckenwassers, das er noch vor der Begehung des Mordes an dem VP-Angehörigen Lindner zu sich genommen hatte.

In der Vernehmung vom 21. April 1972 sagte er aus, dass er gar nicht daran dachte, nach dem Mord an Karl Lindner die DDR ungesetzlich in Richtung BRD zu verlassen. Für ihn gab es nur die Überlegung, sich irgendwo zu verstecken, um Zeit zu gewinnen und die weitere Flucht zu durchdenken. Er habe in seiner Aufregung gar nicht daran gedacht, die DDR illegal zu verlassen.

Nur hatten die Kriminalisten bei der Wohnungsdurchsuchung eine Skizze gefunden, die den Weg von Hamersleben, Wackersleben und Ohrsleben in Richtung Westen ganz eindeutig aufzeigt.

Jatzek gab zu, die Skizze gefertigt zu haben, und zwar im Dezember 1971. Er hatte den Weihnachtsmarkt in Magdeburg besucht und Filzstifte gekauft, und mit diesen neuen Stiften habe er die Skizze zu Papier gebracht, weil er in diesem Monat schon einmal die Absicht hatte, der DDR den Rücken zu kehren. »Ich wollte in die BRD abhauen«, sagte er. »Dieses Vorhaben habe ich jedoch wieder aufgegeben, weil nach meinen Feststellungen keine Maßnahmen, die eine Bestrafung nach sich ziehen, von der Volkspolizei gegen mich eingeleitet wurden.« Gemeint war eine tätliche Auseinandersetzung mit einem Mann aus Seehausen, die keine Konsequenzen nach sich zog. Er ergänzte noch, dass das Grenzgebiet bei Ohrsleben seinem Wohnort am nächsten liegt und er seit 1965 im »Herzspiel-Teich« bei Hamersleben geangelt hatte, und von daher wusste er, wie er sich Richtung Westen absetzen könnte.

In der Vernehmung vom 11. Mai 1972 widerrief er auch seine Aussage vom 21. April 1972, dass er nach dem Mord an Lindner nicht daran gedacht hatte, die DDR zu verlassen, und gab nun die beabsichtigte Flucht aus der DDR zu, da er nur in der BRD vor einer Bestrafung sicher sei. Gleichzeitig stand nun für ihn fest, so seine erneute Aussage, dass er sich bei seiner Flucht von keiner Person, von keinem Angehörigen der Volkspolizei und keinem Grenzposten der NVA festhalten und festnehmen lassen wollte. Er hätte auf jeden geschossen, der sich ihm in den Weg gestellt hätte. Zu diesem Zweck hatte er ja die Pistole und die Munition aus dem Reservemagazin des ABV Lindner mitgenommen! Deshalb sei er auch nicht gleich in Richtung Staatsgrenze gegangen oder gefahren. Er wollte sich zuerst einmal verstecken, dann sich über Umwegen nach Hamersleben und unter Umgebung der Ortschaften Hamersleben, Wackersleben und Ohrsleben zur Staatsgrenze begeben. »In Verwirklichung meines Entschlusses hatte ich vor, falls ich im Grenzgebiet von Grenzposten der NVA entdeckt werde, gegen diese mit der von mir mitgeführten Schusswaffe vorzugehen und meinen Weg über die Grenze freizuschießen. Falls mir dies nicht gelingen sollte, wollte ich mich mit der letzten Patrone selbst erschießen, denn lebend wollte ich mich nicht festnehmen lassen.«

Als Grund für seinen Widerruf gab Jatzek an, dass er die Strafe, die er zu erwarten hatte, so gering wie möglich halten wollte. Seine erste diesbezügliche Aussage vom 13. und 14. Februar 1972 wäre also richtig gewesen.

Karl Lindner wurde am 17. Februar 1972 auf dem Friedhof in Seehausen beerdigt. Die Zeitung *Volksstimme* in ihrer Ausgabe für Wanzleben druckte am 16. Februar 1972 zwei Traueranzeigen, von der Familie des Ermordeten und vom Volkspolizeikreisamt Wanzleben.

Schon am 21. Februar 1972 erhielt der Operativ-Technische Sektor des MfS, Abteilung 32/Technische Untersuchungsstelle, von den Magdeburger Ermittlern der Abteilung IX, Major Krakau und Oberleutnant Krause, einen Untersuchungsauftrag. Übergeben wurden unter anderem:

- die relevante Pistole Modell »Makarow«, mit Magazin und neun Patronen, lose, bei der Festnahme dem Täter abgenommen;

1

Die zur Untersuchung eingereichte Pistole

- drei Patronenhülsen Kaliber 9 mm kurz aus der Wohnung des Jatzek, eine Patronenhülse Kaliber 9 mm kurz vom Grundstück in Dreileben;
- vier Projektile Kaliber 9 mm (zwei Projektile gefunden beim Entkleiden der Leiche vor der Sektion und bei der Sektion in der Leiche, ein Projektil aus dem Wandputz der Schlafkammer und ein Projektil aus einer Zaunlatte auf dem Hof des Grundstücks in Dreileben);

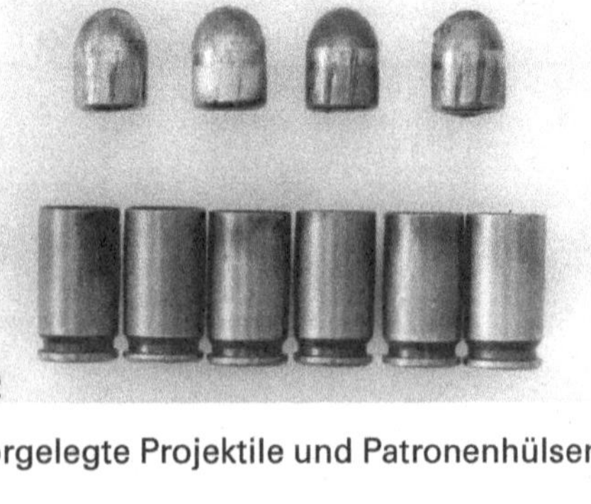

2

Vorgelegte Projektile und Patronenhülsen

- ein Pistolenmagazin mit Deformierung, im Flur der Tatwohnung aufgefunden;

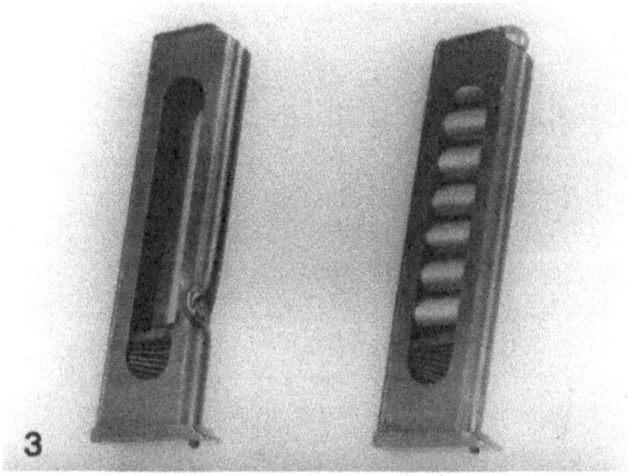


Links das beschädigte Pistolenmagazin, rechts ein unbeschädigtes Pistolenmagazin zum Vergleich

- ein olivgrüner Anorak des Beschuldigten, bei der Festnahme sichergestellt, mit einer Stoffverletzung an der rechten Innenseite beziehungsweise in der rechten Tasche;

Zur Untersuchung vorgelegter Anorak des Beschuldigten

- ein Turnhemd des Jatzek mit Blutflecken, in der Wohnung gefunden;
- eine leere braune Flasche (100 ml) mit der Aufschrift »Hydrapur«, Fleckenentferner, im Kohlenkasten in der Küche aufgefunden;
- eine Türklinke mit Kunststoffgriff, aufgefunden auf einem Küchenschrank im Flur der Tatwohnung.

Am 3. März 1972 wurden noch zwei Patronenhülsen vom Tatort in Schermen an den Operativ-Technischen Sektor des MfS in Berlin geschickt.

Das fachlich aussagefähige Gutachten wurde am 28. März 1972 gefertigt, unterzeichnet von Oberleutnant Henrion, Ingenieur, Oberleutnant Simon, Chemie-Ingenieur, Oberleutnant Günther, Chemo-Techniker, und vom Sachverständigen für Daktyloskopie, Leutnant Berndt.

Die wesentlichen Ergebnisse lassen sich wie folgt zusammenfassen:

- »Die vorliegenden Patronenhülsen weisen auf ihren Zündhütchen kalottenförmige Vertiefungen auf, die durch den Schlagbolzen jener Waffe verursacht wurden, mit welcher die entsprechenden Patronen verschossen worden sind. In diesen Schlagbolzeneindrücken sind mikroskopische Unebenheiten festzustellen, welche das Relief der Schlagbolzenspitze widerspiegeln. Ebensolche Unebenheiten werden in Schlagbolzeneindrücken auf Zündhütchen von Vergleichshülsen festgestellt, die durch Schießen mit der vorliegenden Pistole gewonnen wurden. Aus der Übereinstimmung der Lage und Form dieser für die Beschaffenheit der Schlagbolzenspitze charakteristischen Spurenmerkmale folgt, dass die sechs zur Untersuchung eingereichten ausgeschossenen Patronenhülsen von Patronen stammen, die mit der vorliegenden Makarow-Pistole, Nr. C 9496, verschossen worden sind.«

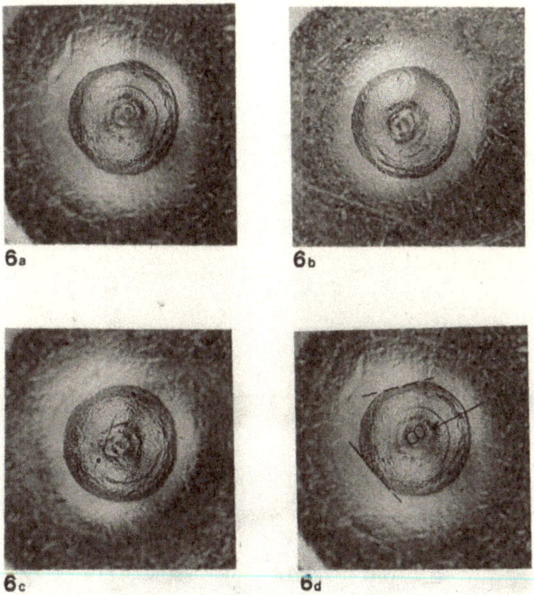

6a 6b 6c 6d

Schlagbolzenspuren auf Zündhütchen: a) der mit »Spur 3« bezeichneten Patronenhülse, b) einer der zur Untersuchung nachgereichten Patronenhülsen, c) einer Vergleichshülse. d) Markiert sind einige der charakteristischen Spurenmerkmale: Eindruck in Form einer »8«, Kerbe rechts oben an diesem Eindruck, Abflachungen des an sich kreisförmigen Schlagbolzenspurrades.

- »Auf den Oberflächen der vorgelegten Projektile werden Schartenspuren festgestellt, die durch mikroskopische Unebenheiten des Laufinneren verursacht wurden. Diese Spuren sind für individuelle Eigenschaften des Waffenlaufs charakteristisch. Beim Vergleich mit experimentell gewonnenen Projektilen konnte eine Übereinstimmung der Schartenspuren auf drei der vorgelegten Projektile einerseits und auf Vergleichsprojektilen andererseits festgestellt werden. Von der Übereinstimmung aller Spuren in Lage und Form leitet sich die Schlussfolgerung ab, dass diese Projektile mit der vorliegenden Makarow-Pistole, Nr. C 9496, verschossen worden sind.« Anzumerken ist, dass ein Projektil (Spur 11, aus dem Wandputz der Schlafkammer) durch nachträglich entstandene Kratzer, die die Schartenspuren überdeckten, nicht sicher für die Identifizierung der Schusswaffe geeignet war. Es konnte weder bewiesen noch ausgeschlossen werden, dass dieses Projektil mit der Makarow-Pistole verschossen worden ist.

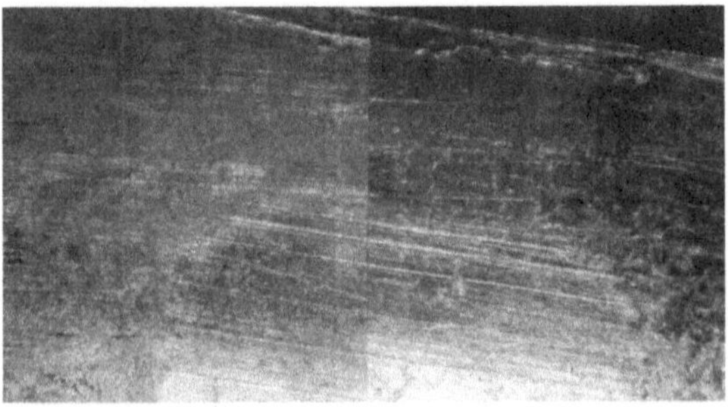

Gegenüberstellung einer Schartenspur (Beispiel) an einem der vorgelegten Projektile (links) und einem Vergleichsprojektil (rechts) mit übereinstimmendem Verlauf charakteristischer Scharten

- Bewiesen werden konnte, dass das Projektil, das man bei der Obduktion in der Leiche fand, die Deformierung des Pistolenmagazins verursacht hat.

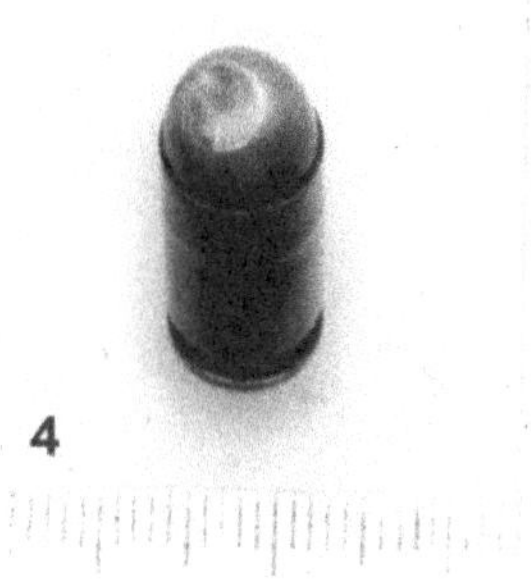

Links Patrone mit beschädigtem Projektil aus dem beschädigten Magazin, rechts Projektil (Spur 18, bei der Sektion gesichert) mit der bogenförmigen Einkerbung (Pfeile), die das Pistolenmagazin beschädigte

- Für eine Bestimmung der Blutart und der Blutgruppe war die Blutmenge am Turnhemd nicht ausreichend.
- Bei der zu untersuchenden Stoffbeschädigung konnten die Elemente Blei und Zinn beziehungsweise Barium und Antimon nachgewiesen werden, was den Schluss zulässt, dass die in der rechten Tasche des Anoraks beziehungsweise an der rechten Innenseite des Anoraks befindlichen Stoffverletzungen durch eine Schussabgabe verursacht wurden. Womit ja bewiesen war, dass die Schussabgabe in Dreileben von der Tasche heraus erfolgte.

9

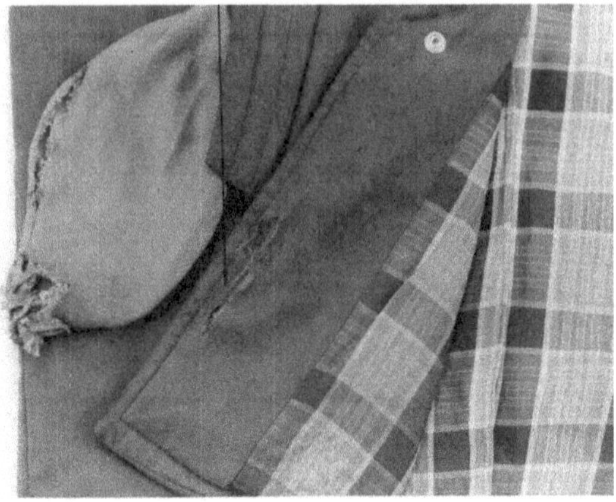

Zu untersuchende Schussbeschädigung, rechte Anoraktasche

- Aufgrund fehlender Substanzspuren auf der Flasche »Hydrapur« konnte nicht festgestellt werden, ob sich darin auch »Hydrapur-Fleckenentferner« befand. Auch die Papillarleistenspur auf dieser Flasche hatte nur einen geringen Informationsgehalt (Wirbel- oder Deltamuster, lediglich vier Merkmale), so dass diese Spur nicht für Vergleichsuntersuchungen geeignet war.
- »Hydrapur enthält – laut Angaben des Herstellers – 87 Prozent Tetrachlorkohlenstoff und 17 Prozent Trichloräthylen. Beide Lösungsmittel wirken sowohl nach Inhalation als auch nach per oraler Aufnahme (= über den Magen-Darm-Kanal) stark giftig auf den menschlichen Organismus. Die letale (= tödliche) Dosis wird mit 2 bis 4 ml Tetrachlorkohlenstoff angegeben, doch sollen schon Mengen von 250 ml infolge rasch einsetzenden Erbrechens überlebt worden sein.

Im Allgemeinen wird mit einer Mortalität von 90 Prozent gerechnet. Typisch für die Vergiftung durch Tetra ist die Zweiphasigkeit der Vergiftung: Sie beginnt mit narkotischen Erscheinungen (Bewusstlosigkeit) und setzt sich nach einem ›relativ‹ schmerzfreien Intervall von 1 bis 2 Tagen (in Ausnahmefällen sogar von mehreren Tagen) mit dem Auftreten von schweren Organschädigungen fort. Dabei stehen im Vordergrund eine Leberschädigung und Nierenschädigung, die in schweren Fällen innerhalb 1 bis 2 Wochen zum Tode führen. Literatur: Moeschlin: Klinik und Therapie der Vergiftungen.«

Der Ärztliche Direktor des Haftkrankenhauses für Psychiatrie und Neurologie in Waldheim, MR Doz. Dr. sc. med. M. Ochernal, und sein Stationsarzt Dr. med. G. Petermann erstatteten am 27. September 1972 ein Nervenfachärztliches Gutachten. Daraus ging hervor, dass Klaus Jatzek strafrechtlich voll verantwortlich war. Die Anwendung des Paragraphen 15 Absatz 1 StGB schlossen die Gutachter aus, weil Jatzek zum Zeitpunkt der strafbaren Handlungen weder einer krankhaften Störung der Geistestätigkeit noch einer Bewusstseinsstörung unterlegen war, die ihn hätten unfähig werden lassen, sich entsprechend durch der die Tat berührten Regeln gesellschaftlichen Zusammenlebens zu entscheiden. Auch Paragraph 16 Absatz 1 StGB konnte keine Anwendung finden, weil Jatzek durch einen der vorgenannten Gründe nach Paragraph 15 Absatz 1 StGB nicht in seiner Entscheidungsfähigkeit zu gesellschaftsgemäßem Verhalten erheblich beeinträchtigt war (1. Alternative) und die im Gutachten aufgeführten psychischen Besonderheiten nicht in einer solchen Ausprägung vorhanden waren, dass sie den vom Gesetzgeber aufgestellten Kriterien des juristischen Merkmals »Schwerwiegend abnorme Entwicklung der Persönlichkeit mit Krankheitswert« entsprechen würden (2. Alternative).

Heißt mit umgangssprachlichen Worten, dass Klaus Jatzek relativ normal war und daher vom Gericht keine Milde erwarten durfte.

Klaus Jatzek hatte, dies muss noch angemerkt werden, am 21. April 1972 und am 5. Juni 1972 handschriftliche Geständnisse zu Papier gebracht, in denen er seine Absicht, sich den Weg in den Westen freizuschießen, noch einmal wiederholte. Ansonsten boten diese Dokumente aber keinerlei Neuigkeitswert zu den bis dahin erlangten Ermittlungsergebnissen.

In seiner Vernehmung am 17. November 1972 holte Jatzek jedoch zu einem Paukenschlag gegen Untersuchungsführer Möbius und das MfS-Untersuchungsorgan aus. Laut Protokoll sagte er wörtlich: »Während meines Aufenthaltes im Haftkrankenhaus zum Zweck der psychiatrischen Untersuchung kam ich unter anderem auch mit den Häftlingen Knobloch und Tietze zusammen, die ebenso in der Untersuchungshaftanstalt des MfS Magdeburg einsaßen. Aus Gesprächen mit diesen Personen, über deren Inhalt ich keinerlei Aussagen machen werde, sowie geführten Gesprächen mit anderen Häftlingen, mit denen ich im Haftkrankenhaus zusammenkam, habe ich die Schlussfolgerung gezogen, dass meine Aussagebereitschaft in den vorangegangenen Vernehmungen falsch war. Ich bin deshalb nicht mehr gewillt, auszusagen, weil ich mich damit nur selbst belaste. In dieser Meinung sehe ich mich noch bestärkt, da mir der Chefarzt des Haftkrankenhauses Waldheim persönlich gesagt hat, dass es noch gar nicht raus ist, ob meine Straftat eine fahrlässige Tötung oder Mord sei. Außerdem möchte ich noch erklären, dass ich aus der Haft nach der BRD entlassen werden will, weil ich nur dort in Ruhe leben kann. Ich erkläre nochmals, dass ich keine weiteren Aussagen mehr machen werde.«

Zuvor hatte er, wieder einmal nach dem Verhältnis zum ABV Lindner befragt, mit einem Schwung von Kühnheit ausgesagt: »Ich möchte mein Verhältnis zu dem Unterleutnant der DVP Lindner, Karl, als nicht schlecht einschätzen. Ich habe zwar durch Ordnungsstrafen, die ich von 1968 bis 1971 durch seine Tätigkeit vom VPKA Wanzleben erhielt, nach der jeweiligen Strafe auf ihn Wut gehabt, was jedoch immer nur von kurzer Dauer war.«

Der Schlag hatte gesessen. Aber was war konkret passiert?

Klaus Jatzek war vom 1. August 1972 bis zum 16. November 1972 auf Anordnung des Staatsanwalts im Haftkrankenhaus Waldheim zur psychiatrischen Untersuchung, worüber wir bereits informiert haben. In der ersten Vernehmung danach sollte Jatzek noch einmal über sein Verhältnis zu Lindner befragt werden, weil er in Waldheim etwas gesagt hatte, was im Widerspruch zu seinen bisher gemachten Aussagen stand. Aber Jatzek verweigerte die Aussage, und im Aktenvermerk vom 17. November 1972 wies Leutnant Möbius nicht nur auf den Chefarzt von Waldheim, der gesagt haben soll, ob Jatzeks Straftat Körperverletzung mit Todesfolge oder Mord sei, das stehe noch gar nicht fest. Außerdem habe er von einem namentlich nicht benannten Arzt in Waldheim die Auskunft erhalten, dass zu seinen in den Vernehmungen gemachten Aussagen eine Gegenüberstellung mit dem Untersuchungsführer erfolgen wird. Jatzek rechnete mit einer Freiheitsstrafe bis zu zehn Jahren und damit, dass er dann in die BRD abgeschoben wird.

»Das gesamte Verhalten des Beschuldigten während der Vernehmung war äußerst provozierend, und er erklärte wiederholt, keine Aussagen mehr zu machen«, heißt es im Aktenvermerk. »Nachdem er weiterhin sachlich und korrekt zur Aussage aufgefordert worden war, stand der Beschuldigte von seinem Stuhl auf und bedrohte den Untersuchungsführer mit erhobenen Fäusten, ohne sich diesem zu nähern, wobei er gleichzeitig schrie: ›Ihr Schweine, legt mir mein Todesurteil vor.‹ Aufgrund der vom Beschuldigten in der Vernehmung gezeigten Verhaltensweise muss eingeschätzt werden, dass er keinerlei Reue über die von ihm begangenen strafbaren Handlungen zeigt, was im entschiedenen Gegensatz zum nervenfachärztlichen Gutachten des HKH Waldheim steht, in dem auf Seite 14 darauf hingewiesen wird, dass er über seine Straftat verzweifelt ist.«

Klaus Jatzek blieb auch in seiner Vernehmung am

18. November 1972 bei seiner Aussageverweigerung, wobei wir aus einem weiteren Aktenvermerk erfahren, dass er sich erneut provozierend verhielt. »Diese Verhaltensweise setzte der Beschuldigte auch fort, nach dem der Leiter der Untersuchungsabteilung an der Vernehmung teilnahm. Auf Fragen über das begangene Gewaltverbrechen lachte er zynisch, woraus zu schlussfolgern ist, dass er keine Reue zeigt.«

Am 20. November 1972 gab Klaus Jatzek seinen Widerstand auf. Laut Protokoll hatte er eingesehen, dass sein Verhalten zur Verweigerung jeglicher Aussage zwecklos sei und dass sein Verhältnis zu Lindner sehr, sehr schlecht war. Jatzek hatte den Ärzten in Waldheim bewusst nicht die Wahrheit über die Konflikte mit dem ABV gesagt, um sie milde zu stimmen. Auch zwei Tage später wurde er von Leutnant Möbius den ganzen Tag vernommen, ohne dass weitere Erkenntnisse an den Tag gebracht werden konnten.

Seine letzten trostlosen Vernehmungen, deren Protokolle wir in den Akten fanden, waren am 24. November 1972 den ganzen Vormittag und am 25. November 1972 ganztägig (im Vernehmungsprotokoll als Fortsetzung ausgewiesen), aber alles ohne Neuigkeitswert!

Eine Beratung mit dem Arbeitskollektiv und mit Vertretern aus dem Wohngebiet des Beschuldigten Jatzek fand am 22. Dezember 1972 von 10 bis 12 Uhr im VEB Hydraulik Tarthun, Betriebsteil Seehausen, statt. Das war ein Betrieb des VEB Kombinat ORSTA-Hydraulik. Von den Teilnehmern wurde eingeschätzt, dass der Beschuldigte bereits im Kindergarten und in der Schule seinen Erziehern und Lehrern erhebliche Erziehungsschwierigkeiten bereitete. Er legte ein äußerst undiszipliniertes und jähzorniges Verhalten an den Tag, was vor allen Dingen auf seine Erziehung im Elternhaus zurückzuführen war. Die Eltern hielten sich überwiegend in Gaststätten auf und waren Alkoholiker. Schon in der Schule verprügelte er die Mitschüler und zertrümmerte das Mobiliar. Aussprachen mit ihm und seinen Eltern durch die staatlichen Organe und die Volkspolizei führten jedoch nicht zu Verhaltensänderungen. Nach der Schule lernte er den Beruf des Malers in der PGH »Drei Schilde«, nach zweijähriger Lehrzeit brach er die Lehre ab, die ihm vom Rat der Stadt Seehausen vermittelt worden war, um ihn in ein festes Kollektiv einzugliedern. Danach arbeitete er im VEB Hydraulik Seehausen als Bohrist, wo er zufriedenstellende bis gute Arbeitsergebnisse zeigte. Dort setzte sich das Arbeitskollektiv immer wieder mit den rowdyhaften Verhaltensweisen von Klaus Jatzek auseinander, der unter Alkoholeinfluss Bürger der Stadt Seehausen und Familienmitglieder mit Messern bedrohte oder auf sie mit dem Luftgewehr schoss. Der ABV Karl Lindner habe sich häufig mit dem Beschuldigten beschäftigt, aber diese Verfehlungen mussten schließlich als Ordnungsstrafverfahren geahndet werden. Gerade Lindner habe immer wieder versucht, das Verhalten von Jatzek durch kameradschaftliche Aussprachen ins Positive zu verändern. Aus diesen Gesprächen habe Jatzek aber nichts gelernt, sondern es hatte sich ein Hass gegen den ABV entwickelt.

Zu den strafbaren Handlungen, von denen sich alle Beratungsteilnehmer eindeutig distanzierten, wurde die Forderung erhoben, den Beschuldigten mit der Höchststrafe zur Verantwortung zu ziehen. Und das war die Todesstrafe. Am Ende der Veranstaltung wurden ein gesellschaftlicher Ankläger und ein Kollektivvertreter für die zu erwartende gerichtliche Hauptverhandlung benannt.

Einen Tag später, am 23. Dezember 1972, wurde Klaus Jatzek am Ende des Ermittlungsverfahrens über alle gegen ihn vorliegenden Beweismittel unterrichtet. Insgesamt waren in dem Protokoll 63 Positionen aufgeführt. Klaus Jatzek bestätigte mit seiner Unterschrift, dass er nochmals über die ihm zustehenden Rechte gemäß der Paragraphen 61 und 91 StPO der DDR belehrt worden war (Recht auf Verteidigung und Beschwerde gegen Maßnahmen der Untersuchungsorgane und des Staatsanwalts).

Der Schlussbericht von Leutnant Möbius ist datiert auf den 29. Dezember 1972. Auf zwölf Seiten stellte der Kriminalist den Fall in all seiner Komplexität und Verwicklung dar. Es wird auf das Gutachten der Technischen Untersuchungsstelle des MfS hingewiesen, wonach aus der dem Beschuldigten bei seiner Festnahme abgenommenen Pistole sowohl die Schüsse auf den ABV Lindner abgegeben als auch die an den anderen Ereignisorten gesicherten Projektile und Patronenhülsen verschossen wurden. Als Beweismittel waren aufgeführt: die Einlassungen des Beschuldigten, 33 Zeugenaussagen,

10 Beurteilungen, unter anderem auch von der PGH »Drei Schilde« Ummendorf, 14 Beweisgegenstände, 11 Tatortuntersuchungsprotokolle, 3 Gutachten sowie ein dazugehöriger Bildbericht (Sektion der Leiche von Lindner) und eine Anlagekarte (zum ballistischen Gutachten des MfS), 3 polizeiinterne Protokolle beziehungsweise Bestätigungen sowie der Schadenersatzantrag des Zeugen Otto Schrelle. Dazu kamen noch die Strafakten des Kreisgerichts Wanzleben über die Vorstrafe von Klaus Jatzek und Belege für seine vier Ordnungsstrafen vom VPKA Wanzleben. Es war an alles gedacht.

Am 15. Februar 1973 schickte der Staatsanwalt des Bezirks Magdeburg die Anklage an das Bezirksgericht, I. Strafsenat, in 301 Magdeburg, basierend auf den Ermittlungsergebnissen der MfS-Untersuchungsabteilung.

Jatzek wurde angeklagt, »mehrfach handelnd die Grundlagen der Deutschen Demokratischen Republik angegriffen und in teilweiser Tateinheit damit einen Menschen getötet sowie die allgemeine Sicherheit und die Sicherheit der Staatsgrenze-West der Deutschen Demokratischen Republik verletzt zu haben.

Durch weitere selbständige Handlungen griff der Beschuldigte mehrfach das Leben von Bürgern der Deutschen Demokratischen Republik an.

Der Beschuldigte Jatzek hat es am 13. Februar 1972 in Seehausen – Kreis Wanzleben – mit dem Ziel, die sozialistische Staats- und Gesellschaftsordnung im besonders schweren Fall zu schädigen, unternommen, den ehemaligen ABV, Karl Lindner, der ihn aus dienstlichen Gründen in seiner Wohnung aufgesucht hatte, brutal zusammenzuschlagen. Aus Hass gegen die Angehörigen der Deutschen Volkspolizei setzte sich der Beschuldigte danach widerrechtlich in den Besitz der Dienstpistole des Geschädigten und führte durch zwei gezielte Schüsse aus kurzer Entfernung den Tod des Geschädigten Lindner herbei.

Unmittelbar danach fasste Jatzek den Entschluss, mit der entwendeten Schusswaffe einen gewaltsamen Grenzdurchbruch an der Staatsgrenze West der DDR zu begehen, um sich so der Verantwortung zu entziehen. Zu diesem Zweck war er entschlossen, die Waffe rücksichtslos gegen Grenzsicherungskräfte anzuwenden, die ihn an der Durchführung seines Verbrechens hindern.

Nach Entnahme der Patronen aus dem Reservemagazin begab sich der Beschuldigte mit schussbereiter Pistole in Richtung Autobahn Berlin-Marienborn. In Dreileben - Kreis Wanzleben - setzte er sich widerrechtlich in den Besitz des Motorrades des Zeugen Schrelle, nachdem er vorher den Zeugen und dessen Ehefrau mit der Waffe bedrohte und einen Schuss auf das Ehepaar Schrelle abgab. Es war ihm dabei völlig egal, ob dadurch eine der beiden Personen getötet worden wäre.

Den Zeugen Otto Tietze, der dem Ehepaar Schrelle zu Hilfe eilte, zwang er mit vorgehaltener, schussbereiter Waffe in etwa 10 Meter Entfernung stehen zu bleiben, anderenfalls er auch gegenüber diesem Zeugen rücksichtslos in Tötungsabsicht von der Waffe Gebrauch machen wollte.

Mit dem Motorrad fuhr er bis zur Autobahnauffahrt Schermen – Kreis Burg –, wo er sich dann nach längeren Überlegungen dem dortigen ABV stellte, nachdem ihm die völlige Ausweglosigkeit seines weiteren Handelns bewusst wurde.«

Der Staatsanwalt beantragte, das Hauptverfahren vor dem I. Strafsenat des Bezirksgerichts Magdeburg zu eröffnen, einen Termin anzuberaumen und den Haftbefehl aus den Gründen seines Erlasses aufrechtzuerhalten. Schon am 20. Februar 1973, als das Urteil noch gar nicht gefällt war, schrieb er in einem Entwicklungs- und Beurteilungsbogen (Begleitakte) über Klaus Jatzek: »Ergänzungen zur Täterpersönlichkeit, die für die Erziehung von Bedeutung sind: keine«. Und: »Vorschläge für die Wiedereingliederung in das gesellschaftliche Leben: keine«.

In einer »Stellungnahme zum Vorschlag der Bezirksverwaltung für Staatssicherheit Magdeburg zur Durchführung eines Prozesses vor geladener Öffentlichkeit« der Hauptabteilung IX/4 vom 13. März 1973 wird darauf verwiesen, dass auf der Grundlage der gesicherten Beweislage der Beschuldigte wegen Terrors und Mordes angeklagt werden wird und in Übereinstimmung mit der Generalstaatsanwaltschaft der DDR vom anklageführenden Staatsanwalt die Todesstrafe für Jatzek beantragt wird. »Eine Veröffentlichung über den Prozess in der Presse ist aufgrund der über ein Jahr zurückliegenden Straftat nicht vorgesehen.« Minister Erich Mielke schrieb »einverstanden« auf die »1. Ausfertigung« dieses Dokuments:

Hauptabteilung IX/4

Berlin, den 13. 3. 1973
3 Ex./P/ 1 . Ausf.
141/73

BStU
000101

einverstanden
Mielke

Stellungnahme

zum Vorschlag der Bezirksverwaltung für Staatssicherheit Magdeburg zur Durchführung eines Prozesses vor geladener Öffentlichkeit

Dem Vorschlag der Bezirksverwaltung für Staatssicherheit Magdeburg, einen Prozeß vor geladener Öffentlichkeit gegen

J , Klaus
geb. am: 18. 6. 1949
zuletzt tätig als Borist
im VEB Hydraulik Tarthun

am 19. 3. 1973 vor dem 1. Strafsenat des Bezirksgerichtes Magdeburg durchzuführen, wird zugestimmt.

Das alles geschah dann auch mit ebendieser Begründung und mit Beschluss des I. Strafsenats des Bezirksgerichts Magdeburg. Verhandelt wurde am 19., 20. und 23. März 1973 unter dem Vorsitz der stellvertretenden Direktorin Frau Schilling. Das Urteil lautete:

**Im Namen des Volkes!**

Der Angeklagte wird wegen Mordes gem. § 112 Abs. 1 und Abs. 2 Ziff 1 StGB in Tateinheit mit Terror im besonders schweren Fall gem. § 102 Abs. 1 und Abs. 2 StGB, § 110 Ziff. 1, 3 und 4 StGB, wegen Terrors im besonders schweren Fall gem. § 101 Abs. 1 StGB § 110 Ziff. 1 und 4 StGB in Tateinheit mit versuchtem ungesetzlichem Verlassen der DDR gem. § 213 Abs. 1 und Abs. 2 Ziff. 1 Abs. 3 StGB, § 6 Abs. 1 Ziff. 2 und Abs. 2 der Grenzschutzverordnung in teilweiser Tateinheit mit versuchtem und vorbereiteten Mordes gem. § 112 Abs. 1 und Abs. 2 Ziff. 4, Abs. 3 StGB in weiterer teilweiser Tateinheit mit unerlaubtem Waffenbesitz gem. § 206 Abs. 1 StGB, in weiterer teilweiser Tateinheit mit unbefugter Benutzung von Kfz. gem. §§ 201 Abs. 1, 2 StGB i. V. m. §§ 63, 64 StGB zum

T o d e

verurteilt.

Ihm werden zugleich alle staatsbürgerlichen Rechte für dauernd aberkannt.

Die Karte "Provinz Sachsen" wird eingezogen.

Der Angeklagte wird zur Schadensersatzleistung in Höhe von

417,17 M (vierhundertsiebzehn Mark 17/100)

an Herrn Otto Sch[redacted], Kolonie Dreileben, verurteilt.

Die Auslagen des Verfahrens hat der Angeklagte zu tragen.

Der Angeklagte wird/werden über das zulässige Rechtsmittel sowie über das Recht auf Einsicht in das Protokoll und auf dessen Berichtigung und Ergänzung belehrt.

Dem Angeklagte wird/werden eine schriftliche Rechtsmittelbelehrung ausgehändigt.

(Vorsitzender) (Protokollführer)

Der Vertreter der Staatsanwaltschaft des Bezirks Magdeburg hatte den Ausspruch der Todesstrafe beantragt. Bereits am 16. Februar 1973 hatte »Der Staatsanwalt des Bezirkes Magdeburg« Krüger den stellvertretenden Generalstaatsanwalt der DDR Borchert informiert, dass er aufgrund der besonderen Schwere der Schuld die Todesstrafe beantragen wird. Der Senat entsprach diesem Antrag, da der Angeklagte durch die ihm begangenen schwersten Verbrechen das Recht zu leben verwirkt hätte. Zugleich waren ihm alle staatsbürgerlichen Rechte für dauernd abzuerkennen.

Der Generalstaatsanwalt der DDR Streit wiederum, dies wäre noch zu ergänzen, informierte seinerseits den Ersten Sekretär des Zentralkomitees der SED, Erich Honecker, dass er die Todesstrafe beantragen wird. Wie sich Honecker dazu geäußert hat, geht aus den uns vorliegenden Akten leider nicht hervor. Handschriftlich vermerkt ist auf dem Schreiben nur: »ZK Poststelle abgegeben. 13.3.73.«

Am 28. März 1973 legte der Verteidiger von Klaus Jatzek, Rechtsanwalt Arno Wihan aus Stendal, Berufung gegen das Urteil vom 23. März 1973 ein. Der Rechtsanwalt hob hervor, dass sich Klaus Jatzek ohne weiteres Blutvergießen selbst gestellt hatte, was bei der Beurteilung der Schwere der Schuld nicht ausreichend beachtet worden sei. »Der Angeklagte hatte entgegen der Feststellung des gesellschaftlichen Anklägers wohl Reue gezeigt, sowohl hinsichtlich der Selbststellung als auch beim Auftreten vor Gericht. Es sollte deshalb festgestellt werden, dass der Angeklagte durch seine Tat noch nicht sein Leben verwirkt hat. Es wird deshalb beantragt, das Urteil abzuändern und den Angeklagten wegen der bestätigten Verbrechen zur höchst möglichen Freiheitsstrafe zu bestrafen.« Was eine lebenslängliche Freiheitsstrafe bedeutete.

Am 29. März 1973 schickte die Vorsitzende des Senats Schilling das Schreiben von Rechtsanwalt Arno Wihan an das Oberste Gericht der DDR, Scharnhorststraße 36,

104 Berlin, mit der Bitte um Entscheidung über die Berufung; eine Urteilsausfertigung und die Akten gingen einen Tag später nach Berlin.

Am 10. Mai 1973 verhandelte das Oberste Gericht der DDR, 1. Strafsenat, unter dem Aktenzeichen 1b Ust 12/73 den Fall Jatzek. Vorsitzender war der Oberrichter Lischke, Rechtsanwalt Wihan war nach Paragraph 63 StPO zum Verteidiger bestellt worden. Im Namen des Volkes wurde der Schuldspruch hinsichtlich einiger Strafrechtsauslegungen abgeändert. Die Verurteilung wegen Mordes in Tateinheit mit Terror im besonders schweren Fall und unerlaubten Waffenbesitzes und wegen Terrors im schweren Fall in Tateinheit mit versuchtem ungesetzlichen Grenzübertritt, versuchter unberechtigter Einreise in das Grenzgebiet und unerlaubten Waffenbesitzes, in teilweiser Tateinheit mit mehrfachem versuchten beziehungsweise vorbereiteten Mord und unbefugter Benutzung von Kraftfahrzeugen blieb bestehen – und damit auch die Todesstrafe. Im Übrigen wurde die Berufung als »unbegründet« zurückgewiesen.

Das an den Vorsitzenden des Staatsrats der DDR, Walter Ulbricht, gerichtete Gnadengesuch wurde abgelehnt. Dafür hatte der Generalstaatsanwalt Dr. Josef Streit die Weichen gestellt. In einem Schreiben vom 26. Juni 1973 an den Sekretär des Staatsrats Eichler schrieb er: »Die Schwere des Verbrechens, die vom Verurteilten entwickelte Intensität und seine verfestigte negative Grundhaltung erfordern die Vollstreckung der erkannten Strafe.« So konnte der stellvertretende Generalstaatsanwalt Borchert am 24. Juli 1973 der Verwaltung Strafvollzug im Ministerium des Innern der DDR, Genossen Tunnat, mitteilen, dass das Todesurteil gegen Klaus Jatzek seit dem 10. Mai 1973 rechtskräftig war: »Am 10. Juli 1973 hat der Vorsitzende des Staatsrates der Deutschen Demokratischen Republik davon abgesehen, für Jatzek eine Gnadenentscheidung zu treffen. Ich bitte, die unverzügliche Vollstreckung des Urteils zu veranlassen.«

Walter Ulbricht war am 1. August 1973 nach langer Krankheit verstorben. So ist zu bezweifeln, ob er sich überhaupt mit dem Fall Jatzek beschäftigt hat. Aber das ist reine Spekulation.

Klaus Jatzek wurde in Leipzig hingerichtet.

Hatte er nicht Gnade verdient? Er hatte sich ohne weiteres Blutvergießen gestellt, und das allein wäre ein Grund gewesen, sein Leben zu schonen. Natürlich, Klaus Jatzek war ein gefährlicher Mörder, der heimtückisch einen Volkspolizisten tötete und unendlich viel Leid über dessen Familie brachte. Aber war er auch ein Terrorist? Diese formal-juristische Konstruktion, die aus politischen Erwägungen den Urteilen zugrunde gelegt wurde, ist aus heutiger Sicht zu bezweifeln und hält rechtsstaatlichen Kriterien in keiner Weise stand.

Klaus Jatzek lebte mit seinen Eltern in seiner eigenen kleinen Welt, nicht immer, wie wir erfahren haben, zum Wohle der Mitmenschen. Alle drei lebten unterm selben Dach, und jeder schaffte sich seine Nische in diesem Treibhaus der offenen und unterdrückten Leidenschaften. Was Klaus Jatzek wahrnahm, war nur ein winziger Ausschnitt seiner Umwelt. Er lebte sein Leben, wie er es sich eingerichtet hatte und das von ihm selbst und vom Alkohol verhangen war. Dennoch hätte er ganz gewiss eine zweite Chance verdient.

Solche Kriminalfälle und ihr tragisches Ende sind doch immer wieder Anlass mit Volkes Stimme zu fragen, ob man eine böse Tat mit einer bösen Tat wiedergutmachen kann. Die Antwort ist: Nein! Beim Schriftsteller Klabund (1890–1928), der eigentlich Alfred Henschke hieß und dessen Schaffen expressionistisch gefärbt war, findet man in seinen Erzählungen und Grotesken die Geschichte von einem Mörder, der hingerichtet werden sollte. Er durfte, der alten Tradition folgend, noch eine Rede halten, ehe sein Haupt auf dem Richtplatz, auf dem viel Volk erschienen war, in den Sand rollte. Der Mörder war ein junger Literat, der seinen Vater umgebracht hatte. Er sprach vom Richtblock wie ein Prediger von der Kanzel, und zwar über das Thema: »Darf eine Gesellschaft, die den Mord als unethische Tat verdammt, einen Mörder morden?« Das Ergebnis seiner geistvoll vorgetragenen Maximen und Reflexionen war: Nein, die Gesellschaft darf den Mörder nicht morden, wenn sie sich selbst nicht aufheben will. Tut sie es aber doch, wie bedauerlicherweise in seinem Falle, ist der Mörder ihr gegenüber in jeder Hinsicht frei. Er ist so frei, zu morden, weil sie so unfrei ist, ihn zu ermorden.

Das Buch war auch in der DDR erschienen …

## Tatwaffe »Wolga«

### Berlin-Buch. Donnerstag, 15. Februar 1973

Für den Hauptwachtmeister der Volkspolizei Manfred Kube sollte es ein ganz normaler Arbeitstag werden. Es war Donnerstag, der 15. Februar 1973. Gegen 6.30 Uhr kam er mit der S-Bahn auf dem Bahnhof Berlin-Buch an. Vor dem Bahnhof traf er die beiden Schutzpolizisten Hauptwachtmeister Neubert und Oberwachtmeister Schweigel. Diese erzählten erregt, dass sich der Kollege Hauptwachtmeister Biernaczyk seit 1 Uhr nachts nicht auf der VP-Wache 285 gemeldet hätte. Sie hätten den Auftrag, ihn zu suchen und zu finden.

Mit diesen Gedanken ging Manfred Kube in Uniform zu eben dieser VP-Wache 285, zu seiner Dienststelle, in der er seit einem Jahr arbeitete. Alle Polizisten sagten »VP-Wache«, obwohl sie richtigerweise »VP-Revier« genannt werden müsste.

Kubes Dienst begann an diesem Tag um 7 Uhr, so dass er gut in der Zeit lag. Es war ja nur ein kurzer Weg, die Wiltbergstraße bis zum Röbellweg und dann den Röbellweg bis zur Wache.

Etwa zehn Meter vor der Straßenkreuzung Röbellweg/Pölnitzweg – der Hauptwachmeister ging auf dem rechten Bürgersteig vom Bahnhof aus gesehen – hörte er die aufgeregte Stimme einer Frau, die er gedankenversunken vorher gar nicht gesehen hatte. Sie stand auf der anderen Straßenseite mit einem Mann. Sie rief: »Kommen Sie bitte herüber, Herr Wachtmeister! Hier liegt einer von Ihren Leuten oder ein Armeeangehöriger!«

Kube ging schräg über die Straße zu den beiden Bürgern. Als er sich etwa in ihrer Höhe befand, sah er in einer Entfernung von circa fünf Metern in der Nähe des Trafohäuschens einen Uniformierten liegen. Er näherte sich bis auf etwa anderthalb Meter und erkannte, dass diese Person mit dem Gesicht im Sand lag, so dass nur der Hinterkopf erkennbar war. Aber aufgrund des spärlichen Haarwuchses und der Figur des am Boden Liegenden hatte er sofort den Verdacht, dass es sich um Biernaczyk handeln könnte, der ja vermisst wurde.

Kube berührte den Liegenden nicht, erkannte aber sofort, dass die Pistolentasche geöffnet war und sich darin keine Waffe befand, auch kein zweites Magazin. Verletzungen konnte er aufgrund der Morgendämmerung und der nur kurzen Betrachtung nicht feststellen. Aber es war ein VP-Angehöriger, das war ihm sofort klar.

Er rannte quer über die Straße zur Wache, zuvor rief er aber noch den beiden Zeugen zu: »Warten Sie bitte einen Augenblick! Es kommt Hilfe!«

An der Wache angekommen, klopfte er energisch an die Jalousie des Wachzimmers. Er hörte, dass der Meister der VP Brust telefonierte, deshalb rannte er in den Korridor des Hauses, in dem sich unten auch die Wache befand. Manfred Kube klopfte an das kleine

Schalterfenster in der Tür zur Wache, und er klingelte vehement. Leutnant der VP Strehmann öffnete das Schalterfenster, und Kube rief ihm durch das Fenster zu: »Am Trafohäuschen liegt vermutlich unser Biernaczyk!«

Strehmann öffnete die Tür und ließ Kube in die Wache, der seine Aktentasche in den Wachraum warf und mit Strehmann zu der Stelle lief, an der die Person am Boden lag. Die Zeugen waren verschwunden, aber Kube war sich sicher, dass sie ihn mit seiner Bitte, am Ort zu verbleiben, gehört haben müssten. Doch sie waren wohl in Richtung S-Bahnhof Berlin-Buch gegangen. In seiner späteren Vernehmung am 15. Februar 1973 ab 9.20 Uhr sagte er: »Denn sowohl im Pölnitzweg als auch im Röbellweg in Richtung Röntgenthal konnte keine Personenbewegung festgestellt werden. Jedoch befanden sich mehrere Personen im Röbellweg zwischen Pölnitzweg und Wiltbergstraße auf dem Weg in Richtung Bahnhof, und ich nehme an, dass die beiden Personen, welche mich auf die am Boden liegende Person aufmerksam gemacht hatten, unter diesen Passanten waren.«

Der Leutnant und der Hauptwachtmeister stellten fest, dass diese Person tot war, veränderten aber nichts. Sie rannten zur Wache zurück, Kube nahm eine Decke, sie eilten wieder zum Ort des Geschehens und bedeckten den leblosen Körper. Strehmann ging zur Wache zurück und übernahm die Alarmierung und die Meldung an die Vorgesetzten, Kube sicherte den Tatort. Plötzlich war ihm klar geworden, dass er doch einen kleinen Fehler gemacht hatte. Die Mütze des Opfers, die neben ihm lag, hatte er mit zur Wache genommen, als sie die Decke holen gingen. Vorher hatte er mit einem Kreis um den Fundort der Mütze die konkrete Lage gekennzeichnet.

Die Personen, die den Fundort verlassen hatten, konnte er grob beschreiben: Die Frau war in seiner Erinnerung circa 30 bis 35 Jahre alt, etwa 165 Zentimeter groß, trug einen Stoffmantel mit hellem Pelzbesatz, der sich in der Nähe des Mantelkragens befand, der Mantel reichte kurz über die Knie. Der Mann war gleichaltrig, etwas größer, vielleicht 165 bis 170 Zentimeter, er trug einen dunklen Mantel, einen dunklen Stoffhut und eine schwarze Aktentasche oder Collegemappe. An das Material des Mantels konnte sich Kube nicht erinnern. Die beiden Personen waren ihm unbekannt, vielleicht war es ein Ehepaar, das zur Arbeit fahren wollte. Das war aber nur eine Vermutung von ihm.

Den ledigen Biernaczyk, der zusammen mit seiner Mutter lebte, kannte er seit 1964, er schätzte ihn als zurückhaltenden, höflichen und korrekten Genossen – wie viele seiner Kollegen.

Die Zeugen, die den Fundort verlassen hatten, wurden noch am Tattag ausfindig gemacht und vernommen. Irmela Kammrath arbeitete als Sekretärin bei der Deutschen Außenhandelsbank in Berlin-Mitte, Unter den Linden; Wolfgang Kammrath, ihr Ehemann, als Fachgebietsleiter bei der Industrie- und Handelsbank Berlin-Mitte in der Behrenstraße. Sie wollten an diesem wie an jedem Arbeitstag zum S-Bahnhof Berlin-Buch laufen, um dann zu ihren Arbeitsstellen zu gelangen.

Sie hatten keine verdächtigen Personen oder Fahrzeuge gesehen, und sie bestätigten das, was Manfred Kube von ihrem dramatischen Zusammentreffen berichtete. Warum sie aber den Ort des Geschehens verlassen hatten, danach wurden sie in den Zeugenvernehmungen nicht gefragt.

Was Manfred Kube offenbar in seiner Aufregung nicht wahrgenommen hatte – es war noch eine dritte Person am Fund- und Tatort anwesend. Aus der Psychologie ist ja bekannt, dass sich das Auge am leichtesten täuschen lässt. Jedenfalls wurde noch Helmut Pfattenhauer, Dolmetscher im VEB Berlin-Information in Berlin-Mitte, als Zeuge ermittelt, weil das Ehepaar Kammrath ihn aus gemeinsamer Arbeit im Ortsausschuss der Nationalen Front gut kannte. Er bestätigte die Aussagen von Frau und Herrn Kammrath, und auch er konnte keine zweckdienlichen Hinweise, wie es im Polizeideutsch so schön heißt, geben.

Der Tatortbefundsbericht wurde noch am 15. Februar 1973 durch Oberleutnant der K Platzk von der Morduntersuchungskommission (MUK) verfasst. Die Bilddokumentation vom 18. Februar 1973, gefertigt von Kriminalobermeister Heide (MUK/KT), klärt uns hervorragend über den Tatort auf.

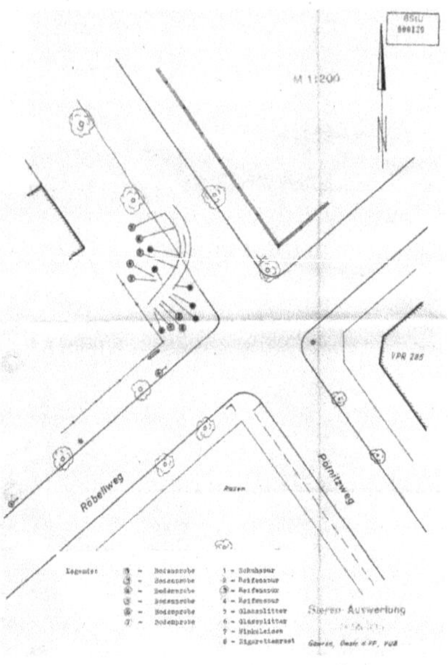


Tatortskizze

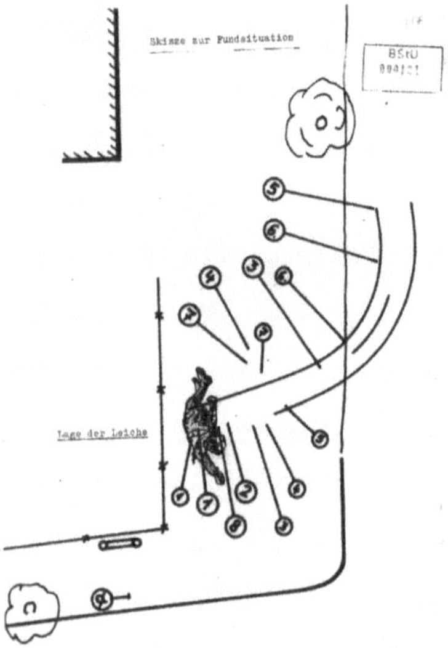


Skizze zur Fundsituation

Übersichtsaufnahme der Kreuzung Röbellweg/Pölnitzweg. In dem im Bild sichtbaren Gebäude befindet sich das VPR 285 in Berlin-Buch. Pfeil 1 zeigt in Richtung Röbellweg/Wiltbergstraße; Pfeil 2 in Richtung Zepernicker Straße.

Übersichtsaufnahme der Straßenkreuzung Pölnitzweg/ Ecke Röbellweg, vom Pölnitzweg in Richtung Neubauten gesehen. Rechts der Lageort der Leiche

Übersichtsaufnahme des Fundorts der Leiche, der durch Pfeil markiert ist

Nahaufnahme der Fundstelle der Leiche und der zur Fundstelle führenden Fahrzeugspuren, vom Pölnitzweg gesehen. Die im Bild linke Fahrzeugeindruckspur wird mit der Spurentafel 2 markiert. Die rechts daneben liegende Fahrzeugeindruckspur wird mit der Spurentafel 3 markiert (nicht erkennbar). Die rechte Außenspur wird mit der Spurentafel 4 markiert.

Die abgedeckte Leiche in einer Nahaufnahme. Die mit der Zahl 1 markierte Stelle bedeutet den Fundort einer Schuheindruckspur.

Die Schuheindruckspur (Spurentafel 1) mittels Gips gesichert und fotografiert

Reifenspur 2, Segment 2.1

Die Leiche von Manfred Bienarczyk wurde noch am 15. Februar 1973 (das Protokoll gibt als Beginn 12.30 Uhr an) im Institut für Gerichtliche Medizin der Humboldt-Universität zu Berlin obduziert, Oberarzt Dr. med. Gerhard Dietz und Dozentin Dr. med. habil. Christiane

Kerde als 1. Sachverständige sowie Dr. med. H. Waltz als 2. Sachverständiger fertigten das Vorläufige Gutachten (Sektionsnummer 212/73) an. Als Todesursache stellten sie einen schweren Schädelbasisbruch mit hochgradigem Blutverlust fest. Im Ergebnis der Sektion konnten folgende wesentliche Befunde erhoben werden:

- angedeutete, bogenförmige massive Gewebe- und Muskelzertrümmerung im Gesäßbereich rechts; interpretiert als Anfahrstelle eines Kfz;
- Wirbelsäulenbruch im Bereich des 12. Brustwirbels infolge einer Überstreckung des Rumpfes nach hinten als typisches Zeichen einer Anfahrung von hinten unterhalb des Körperschwerpunkts;
- massive Unterblutungen im Hinterkopfbereich mit Sprengung der Schädelnaht; interpretiert als Anschlagsverletzung nach »Aufladen« des Betroffenen auf das Vorderteil der Karosserie;
- etwa Mitte des Oberkopfes quergestellte circa 4 Zentimeter lange scharfrandige Platzwunde in Verlaufsrichtung von hinten nach vorn; gleichfalls als Anschlagsverletzung auf scharfkantige Karosserieteile interpretiert;
- Schädelbasisbruch infolge einer Seit-zu-Seit-Kompression durch Pressung des Schädels zwischen Fahrzeugunterboden und Erdboden (Drehen unter dem Fahrzeug);
- Gesichtsschädelbrüche rechts und Rippenserienbrüche beiderseits, durch den gleichen Mechanismus der Kompression entstanden.

Alle Verletzungen erklärten sich ausschließlich durch ein Verkehrsunfallgeschehen, anderweitige Befunde wie Verletzungen mit der Faust, mit einem Werkzeug oder durch Würgen beziehungsweise anderweitige Kampf- und Abwehrverletzungen fanden sich nicht. Der Geschädigte hatte das Unfallgeschehen kurzfristig überlebt, wie insbesondere die Bluteinatmungsherde an den Lungenvorderseiten (Bauchlage) aufwiesen.

Der Zeitpunkt des Todeseintritts wird auf die Stunden zwischen 1 und 4 Uhr bestimmt.

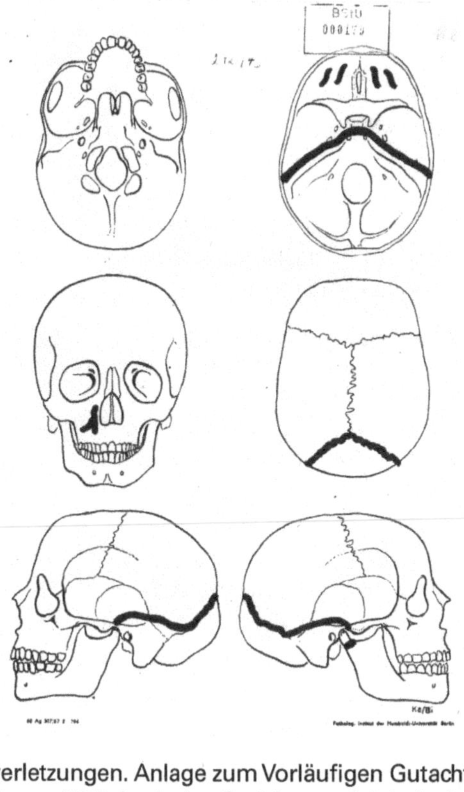

Schädelverletzungen. Anlage zum Vorläufigen Gutachten vom 15. Februar 1973 durch das Gerichtsmedizinische Institut

Am 16. Februar 1973 schickte Major Böhme von der Hauptabteilung IX/7 des MfS eine Erstinformation zum Mord an Manfred Biernaczyk an die Stellvertretenden Minister für Staatssicherheit, Generalleutnant Beater und Generalmajor Scholz, sowie an andere Verantwortliche. Darin werden die Ereignisse, über die wir eben berichtet haben, detailliert beschrieben und auch schon die Befunde aus der gerichtsmedizinischen Sektion dargestellt. Der Leichenfundort wurde richtigerweise als Tatort beschrieben.

Die Kartentasche, die sich an der Leiche befand, wurde besichtigt, die Erkenntnisse in einem Protokoll festgehalten, ebenfalls vom 15. Februar 1973. Darin lesen wir: »Tasche ist geschlossen. Sie befand sich am Trageriemen. Kalk- und Erdauflagerungen am Deckel und an den Seiten. Rückseite links, oberes Drittel, Blut (3 cm) Tropfform. Bluttropfen wird fotografisch gesichert.«

Akribisch wird in dem Protokoll aufgeführt, was sich in der Kartentasche befand, untergliedert in Schreibzeughalterung, Vorderes Fach und Hinteres Fach, unter anderem ein Notrufschlüssel, ein Gebührenblock, ein Personen- und ein Sachfahndungsbuch, 15 Mark der DDR in Scheinen, eine Führungskette, sieben Alkoholprüfröhrchen mit Plastiktüte in Zigarettenschachtel verpackt, ein Einkaufsnetz blau – und ein nagelneues Diensttagebuch auf den Namen Biernaczyk. Die Eintragung auf Blatt 1 vom 14. Februar 1973 war seine erste und letzte: »Dienst von 23.00–07.00 Uhr, Einweisung (…) in die Lage der VP-Wache sowie in die neuen Fahndungen. Aufträge lt. VD 6/73. 23.00 Uhr Streife aufgenommen.«

Hohe Dienstgrade der Kriminalpolizei im Präsidium der Volkspolizei (PdVP) Berlin hatten das Protokoll unterzeichnet: Major der K Hase, Major der K Matern und Oberleutnant der K Viertel.

Nachgetragen muss werden, dass sich auf der Rückseite des Diensttagebuchs (Blatt 48) folgender Eintrag befand, der in den weiteren Ermittlungen noch eine Rolle spielen wird:

»EF 65-26 Moskw. 408 hellblau
Holländer, Gerhard
Zepernick, Redasstraße (Straßenname teils unleserlich)
geb. 1941, blau, hell, Jacke, dunkle Hose, schwarze Kunstledertasche,
stößt mit der Zunge leicht an«

Die Beweislage war relativ klar. Deshalb wurde noch am 15. Februar 1973 ein Ermittlungsverfahren wegen Verdachts des Mordes gegen Unbekannt eingeleitet. Aber wer war der Mörder? Und warum wurde der Volkspolizist so brutal getötet?

Die Kriminalisten ermittelten in viele Richtungen und suchten zum Beispiel sofort nach Uniformknöpfen, um den Tathergang rekonstruieren zu können. Wahrscheinlich fehlten einige an der Uniform des Opfers, und man wollte wohl die Frage beantworten, ob Biernaczyk nicht doch auf dem Streifengang etwas zugestoßen war.

Die Absuche nach Uniformknöpfen im Streifenbereich von Biernaczyk durch die Arbeitsgruppe von

Oberleutnant der K Ott am 15. Februar 1973 war aber erfolglos. Abgesucht wurde der Streifenbereich, der nach Auskunft des Diensthabenden der VP-Wache 285 die Straßen Röbellweg, Pölnitzweg, Alt-Buch, Wiltbergstraße und ein Stück der Karower Straße umfasste. Dabei wurden auch die angrenzenden Parkplätze, Denkmäler und Ähnliches einbezogen. Nicht abgesucht wurde der Schlosspark, da nach Angaben des Diensthabenden eine Einzelstreife diesen zur Nachtzeit nicht betritt. Es konnten aber keine Uniformknöpfe aufgefunden werden. Außerdem suchte man beidseitig im Pölnitzweg bis zur Eupener Straße, wobei gegenüber dem Grundstück Pölnitzweg 72 unmittelbar an der Bordsteinkante ein offensichtlich mit Blut behafteter Zellstoffbausch durch Mitnahme gesichert worden war. Diesen übergab man der Einsatzgruppe Kriminaltechnik (KT). War das eine Spur in Richtung Täter?

Die Zeugenvernehmung von Manfred Teufel, der in Schwanebeck wohnte und als Kraftfahrer und Pförtner im Städtischen Klinikum Berlin-Buch Teil II arbeitete, brachte etwas Licht ins Dunkel, was den Streifendienst von Biernaczyk in der Tatnacht betraf. Teufel hatte den Dienst am 14. Februar 1973 um 21 Uhr angetreten.

Gegen 0.30 Uhr erschien Biernaczyk an der Wache des Klinikums. Es war so üblich, dass die Streifenwachtmeister dort vorbeischauten, um vom Pförtnerhäuschen mit dem Revier zu telefonieren – und um zu erfahren, ob im Klinikum alles ruhig ist. Zwei bis drei Minuten nach seiner Ankunft lief dort ein Anruf vom VP-Revier 285 auf. Der Wachtmeister nahm das

Gespräch entgegen. Er legte auf und machte sich sofort auf den Weg zum *Schlosskrug*. Da sollte sich eine betrunkene Person herumtreiben. Biernaczyk meinte noch, dass er später noch einmal vorbeikommen wolle, verbesserte sich aber gleich. »Oder auch nicht«, so der Polizist, »denn in dieser Nacht geht es rund.« Was das auch immer bedeuten sollte.

Ungefähr um 1.30 Uhr rief VP-Meister Brust vom VP-Revier an und fragte, ob Biernaczyk bei ihm sei. Das war aber nicht der Fall. Auch nicht bei den weiteren Nachfragen von Brust um 2.30 Uhr und um 4.30 Uhr.

Manfred Teufel wurde um 5 Uhr abgelöst. Er hinterließ einen Zettel für seinen Nachfolger, dass sofort die VP zu informieren sei, wenn sich der Gesuchte am Pförtnerhäuschen einfinden sollte.

Der Zeuge hatte noch zu berichten, dass gegen 1 Uhr aus Richtung der Gaststätte *Schlosskrug* ziemlicher Krach zu hören war. Es hörte sich an, als wenn mehrere betrunkene Personen krakelten. Kurz danach erschienen auch vier Jugendliche im Alter von 18 bis 23 Jahren; diese hatten zuvor gegen 24 Uhr mehrere Schwesternschülerinnen aus dem Haus 211 (Internat) nach Hause gebracht. Da wurden sie schon belehrt, dass sie eigentlich nicht mehr das Gelände betreten dürften. Als sie gingen, rief einer dem Pförtner kess »Mach's gut, Maxe!« zu. Diese Jugendlichen konnte Manfred Teufel einigermaßen beschreiben, was aber für diesen Fall keine Rolle spielen sollte.

Natürlich gab es auch im Klinikum Berlin-Buch im

Teil I einen Pförtner, der Gregor Eschenbach hieß. In seiner Zeugenvernehmung am 15. Februar 1973 sagte er, dass etwa um Mitternacht ein ihm noch nicht bekannter Wachtmeister erschienen war, der mit dem Revier telefonieren wollte, was Eschenbach ihm natürlich gestattete.

Der Wachtmeister berichtete von einem Vorfall mit einer betrunkenen Person im *Schlosskrug*, dem er ein Betretungsverbot erteilt habe. Dieser Wachtmeister, zweifellos Biernaczyk, habe den Betrunkenen dann zum S-Bahnhof Berlin-Buch geschafft, weil er ihn nicht losgeworden ist, auch, als er ein Stück durch den Park ging. Nach Aussagen des Zeugen habe der Wachtmeister die Personalien des Bürgers aufgeschrieben. Biernaczyk telefonierte ungefähr zehn Minuten mit der Dienststelle und ging dann seiner Wege, wohin wusste der Pförtner nicht zu berichten. Später rief die Wache aber noch zweimal an. Ob dieser Wachtmeister noch einmal vorbeigekommen ist? Nein, das war er nicht.

Noch am gleichen Tag wurde die Mutter des Opfers befragt, die in Lindow südlich von Bernau wohnte – mit ihrem Sohn. Die Familie stammte aus Jugoslawien; sie wurde im Verlauf des Zweiten Weltkriegs nach Deutschland umgesiedelt, wobei die Mutter schon seit 1937 in Deutschland lebte. Der Vater war seit 1944 an der Front vermisst.

Die Mutter sagte aus, dass ihr Sohn Manfred sehr zurückgezogen lebte, keine weibliche Bekanntschaft hatte und auch keine Freundschaften pflegte. In seiner Freizeit kümmerte er sich nur um das Grundstück in Lindow, das er in Ordnung hielt. Er besuchte keine Gaststätten und Vergnügungslokale, und er war sehr sparsam. Über VP-interne Dinge hat er nie mit ihr gesprochen. Vorbildlich! Man fand auch keine dienstlichen Materialien in den persönlichen Unterlagen des Opfers.

Natürlich wurde die Mutter nach familiären Kontakten befragt, und sie nannte nur den Onkel, den Cousin und die Tante des Geschädigten; die Kontakte beschränkten sich aber nur auf gelegentliche Familienbesuche. Feinde habe Manfred nicht, so dass den Kriminalisten sofort klar war, dass eine Beziehungstat aus dem familiären Bereich nicht vorliegen konnte.

Vom 17. Februar 1973 findet sich in den Akten ein Plan der Maßnahmen des Leiters der Abteilung Kriminalpolizei des PdVP zur weiteren Führung und Leitung der Aufklärung des Tötungsverbrechens in Berlin-Buch. Danach wurde die erweiterte Morduntersuchungskommission von Major der K Hase geleitet, Stellvertreter war Hauptmann der K Kraft, Verbindungsoffizier zur Kriminalpolizei der Volkspolizeiinspektion (VPI) Hauptmann Ponto. Es gab eine Arbeitsgruppe Auswertung und Information und fünf Untersuchungsgruppen. Gruppe I widmete sich der Überprüfung verdächtiger Kfz und Kfz-Halter, Gruppe II der Überprüfung verdächtiger Personen und ihrer Alibis, Gruppe III der Überprüfung bekannter vorbestrafter Personen aus dem Bereich Pankow, Gruppe IV den weiteren Aufklärungen, was das Opfer betrifft, Gruppe V mit Unterstützung der MUK Halle sollte eine Sonderspur verfolgen.

Auch die Aufgaben der Dezernate IV (Kriminaltechnik) und V (Fahndung) waren klar abgesteckt worden. Die AG Organisation sorgte sich um die Heranführung weiterer Kräfte je nach Einsatzlage, um die Verpflegung der Kriminalisten und so weiter zu sichern.

Am 17. Februar 1973 wurde dann im VP-Revier 285 in Berlin-Buch ermittelt, dass Hauptwachtmeister Biernaczyk am 14. Februar 1973 vor Dienstbeginn eine Waffe übernommen hatte. Er war im Besitz einer Waffenkarte mit der Nummer B 2, deren Erhalt er auf dem Vordruck VVD/W 07, Personenkarteikarte, quittierte. Einen Schlüssel für die Waffenschränke hatte nur der Diensthabende. Das Regime war so: Hatte der jeweilige Polizist seine Dienstwaffe entnommen, wurde die Waffenkarte im Waffenschrank hinterlegt. Zum Zeitpunkt der Ermittlungen befand sich die Waffenkarte Nummer B 2 im Waffenschrank.

Im Umkleideschrank des Opfers befanden sich eine Aktentasche, ein Hefter mit Vordrucken, ein Sturzhelm sowie eine Uniformmütze. In der Aktentasche fanden die Kriminalisten einen Schal und einen Plastikbeutel mit Brot, den Schlagstock von Biernaczyk und ein Taschenkalender aus dem Jahr 1972. Auf der Seite, die für Telefonnummern vorgesehen ist, befanden sich mit einer Ausnahme nur Telefonnummern staatlicher Dienststellen und Rufnummern von Polizisten der Dienststelle. Die Ausnahme bildete ein privater Telefonanschluss, dessen Besitzer ermittelt werden konnte. Es war ein Freiwilliger Helfer der Deutschen Volkspolizei. Im Taschenkalender gab es auf der Seite vom 19. August 1972 noch eine private Anschrift. Alles Spuren, die in einer Sackgasse endeten, denn Biernaczyk hatte keine Feinde.

Am 17. Februar 1973 bestand, dies muss noch erwähnt werden, die erweiterte Morduntersuchungskommission aus 32 Kriminalisten!

Am 18. Februar 1973 schickte das Kriminalistische Institut der Deutschen Volkspolizei einen Ergebnisbericht über die operative Spurenauswertung am Pkw »Wolga«, polizeiliches Kennzeichen IA 06-72, an die Ermittler. Sie legen anhand von acht Spurenkomplexen überzeugend dar, dass es sich bei diesem Pkw um das Tatfahrzeug handelt. In der nachfolgenden Ergänzungsinformation wird der Ergebnisbericht umfassend ausgewertet, und wir werden aufgeklärt, wie dieser Pkw jetzt plötzlich in das Fadenkreuz der Ermittler kam.

Am 19. Februar 1973 formulierte Major Lüdicke von der Hauptabteilung IX/7 des MfS eine Ergänzungsinformation zum Mord an Manfred Biernaczyk. Danach erschien am Sonnabend, den 17. Februar 1973, der Kfz-Schlosser Gerhard Polensky in den Nachtstunden auf dem VPR 285 in Berlin-Buch. Er meldete, dass sein Pkw Typ »Wolga«, Farbe blau, polizeiliches Kennzeichen IA 06-72, aus gegebenen Umständen in der Nacht vom 14. zum 15. Februar 1973 von unbekannten Tätern benutzt worden sein muss. Polensky motivierte seine Meldung damit, dass er vom Verbrechen in Berlin-Buch aus Diskussionen in der Öffentlichkeit erfahren habe und seine Mitteilung für das Untersuchungsorgan von Interesse sein könne. Der Wagen von Polensky lag sowohl vom Typ als auch von der Farbe im

Rahmen der Fahndung, weshalb er einer eingehenden Untersuchung unterzogen wurde. Im Ergebnis der Befunde konnte dieser Wagen eindeutig als Tatfahrzeug identifiziert werden, und zwar aus folgenden Gründen:

1. Die an den verschiedenen Stellen des Unterbaus des Pkw vorgefundenen Textilgewebeeindruckspuren stimmten mit der Struktur des Uniformstoffs überein.
2. Die am Unterbau vorgefundenen Faserspuren stimmten sowohl im Farbton als auch im Material mit einem Teil des in der Uniform des Opfers verarbeiteten Materials überein.
3. Die am Querträger für die Aufhängung des Getriebes aufgefundenen Haare wurden als Menschenhaare identifiziert, die im Farbton wie im mikroskopischen Bild mit den Kopfhaaren des Opfers übereinstimmten.
4. Im Bereich des genannten Querträgers fanden sich spritzerförmig verteilte blutverdächtige Spuren, die als Menschenblut der Gruppe B bestimmt werden konnten; das Opfer trug das Gruppenmerkmal B.
5. Das Reifenprofil aller vier Räder stimmte in der Form mit den am Tatort gesicherten Reifenprofilspuren überein; gleichermaßen auch die Laufflächenbreite beider Vorderräder mit der an Spuren gemessenen Laufflächenbreite.
6. Die an der Opferkleidung gesicherten mikroskopisch kleinen sechs Lacksplitter bestanden, wie die an der Innenseite der Schürze – unterhalb der vorderen

Stoßstange – gesicherten Lacksplitter, aus den zwei Schichten Vistablau (Oberfläche) und Chromgelb (Grundierung). Die Lacksplitter bestanden übereinstimmend aus einer ofentrocknenden Lackfarbe auf Alkydaminharzbasis.

7. Die am Fahrzeugunterbau gesicherten Erdspuren stimmten im Farbton und Körnigkeit mit den am Tatort gesicherten Bodenproben überein.
8. An einem Kugelgelenk der Lenkung fanden sich deutliche Wischspuren im dort anhaftenden Fett, wie es nach bisherigen Feststellungen an der Opferkleidung gesichert worden ist.

Zu Gerhard Polensky konnte ermittelt werden, dass er in 112 Berlin-Weißensee wohnte, verheiratet war und ein Kind hatte. Er war als Monteur in einem VEB beschäftigt, 1970 vorbestraft wegen einer Eigentumsverfehlung. Er gab in seinen bisherigen Vernehmungen vor, seinen Pkw am Mittwoch, den 14. Februar 1973, in den Abendstunden gegen 20.30 Uhr vor dem Wohnhaus seiner Frau Sigrid Polensky, wohnhaft in Berlin-Buch, Schwanebecker Chaussee 06, tätig als Wirtschaftspflegerin im Klinikum Buch, auf einem Parkplatz abgestellt, den ersten Gang eingelegt, die Innentürverriegelungen geschlossen, den Zündschlüssel abgezogen und die Fahrertür verschlossen zu haben. Am nächsten Tag, also am 15. Februar 1973, habe er seinen »Wolga« gegen 5.45 Uhr an gleicher Stelle vorgefunden. Er will die Fahrertür aufgeschlossen und in der Folge dann im Wageninneren Veränderungen festgestellt haben, die ihn schlussfolgern ließen, dass Unbefugte im Pkw gewesen sein müssen. Die Lage von kleineren Gegenständen sei verändert gewesen, ferner will er eine leere Plastikmilchtüte gefunden haben. Der erste Gang sei eingelegt gewesen wie zum Zeitpunkt des Abstellens.

Gerhard Polensky sagte ferner aus, dass er sich nach Abstellen des Pkw »Wolga« unvermittelt in die Wohnung seiner Frau begeben habe und die Abend- und Nachtstunden mit ihr dort zusammen war.

Zur Klärung des Sachverhalts wurde Sigrid Polensky gleichermaßen eingehend vernommen. »Ihre Aussagen«, so heißt es in der Ergänzungsinformation, »befinden sich in allen wesentlichen Punkten mit denen ihres Mannes in Übereinstimmung. Sie ist ebenfalls im Besitz einer Fahrerlaubnis und hat den Wagen in der Vergangenheit auch schon gefahren. Sie verursachte am 03.02.73 in den Nachmittagsstunden in Berlin-Weißensee schuldhaft einen Verkehrsunfall.« Der Sachschaden betrug 5.000 Mark.

Die Eheleute Polensky räumten eine Täterschaft auch nach Vorhalt nicht ein. Aufgrund der Verdachtsmomente erfolgten eine vorläufige Festnahme und eine Vorführung zum Zwecke des Erlasses eines Haftbefehls wegen dringenden Verdachts des Mordes. Es geht aus der Ergänzungsinformation nicht hervor, aus welchen Indizien der dringende Tatverdacht hergeleitet worden war. Es war zwar genau dieser »Wolga«, aber er konnte eben auch von anderen Personen benutzt worden sein …

Man durchsuchte die Wohnungen in Berlin-Weißensee und in Berlin-Buch sowie die Arbeitsplätze, aber man fand nichts. Auch die intensive Suche nach der geraubten Dienstwaffe verlief ergebnislos.

Weitere geplante Maßnahmen waren:

1. Nochmalige Vernehmung der Eheleute Polensky durch die Einsatzgruppe im PdVP Berlin.
2. Überprüfungen aller bisherigen und weiteren Aussagen, insbesondere der behaupteten unberechtigten Benutzung des Pkw durch Unbekannt.
3. Intensive Ermittlungen im Bereich des Parkplatzes Schwanebecker Chaussee 06 mit dem Ziel der Erlangung weiterer Anhalte hinsichtlich der Bewegung des Tatwagens.
4. Fortgang der Überprüfung einschlägig Vorbestrafter.

»Die gesamte weitere Sachaufklärung erfolgt in Zusammenarbeit mit der Hauptabteilung IX/7« – so schließt die Ergänzungsinformation.

Nachzutragen wäre, dass gegen die Eheleute Polensky noch am 17. Februar 1973 ein Ermittlungsverfahren wegen dringenden Verdachts des Mordes eingeleitet worden war; am 19. Februar 1973 erging Haftbefehl durch das Stadtbezirksgericht Berlin-Mitte. Eine Haftbeschwerde von Gerhard Polensky vom 20. Februar 1973 wurde mit Beschluss vom 6. März 1973 des 5. Strafsenats des Stadtbezirksgerichts von Groß-Berlin als unbegründet zurückgewiesen. Seine Ehefrau beschwerte sich nicht.

Am 17. Februar 1973 schickte das Kriminalistische

Institut der Deutschen Volkspolizei einen Auswertungsbericht an die MUK, Tagebuchnummer 104/73. Darin wurden alle Spuren aufgelistet, auch die an der Uniform des Opfers. Die Teilabdruckspur, heißt es im Bericht, wurde mit einem rechten Schuh mit der Bezeichnung »Meißen Modell« vermutlich Größe 28 verursacht. Die am Tatort gesicherten Reifenprofileindruckspuren verursachten runderneuerte Reifen mit M+S-Profil. An Bekleidungsstücken von Verdächtigen und Beschuldigten konnten keine kriminalistisch-relevanten Spuren festgestellt werden.

Oberstleutnant Eismann, der Leiter der Hauptabteilung IX/7 des MfS, schickte am 20. Februar 1973 an den Leiter der HA IX noch einen Vorschlag zur Koordinierung der Ermittlungsführung, in die auch die MfS-Kreisdienststellen Pankow und Weißensee sowie die im Ortsteil Berlin-Buch verankerten operativen Linien einbezogen wurden. Dieser Vorschlag ging davon aus, dass eine kriminalpolizeiliche Arbeitsgruppe des PdVP Berlin im Ortsteil Buch Ermittlungen zur Bewegung des Tatwagens und »für die Bewegung bzw. Aufenthalte der Eheleute Polensky zum Zeitpunkt der Tat« führte.

Auch sollte durch das MfS die Ermittlung eines bisher noch unbekannten Täters, der den Tatwagen unbefugt benutzte, unterstützt werden. Diese Ermittlungen konzentrierten sich unter anderem auf bekannte Straftäter wegen unbefugter Benutzung von Kfz, unbefugten Waffenbesitzes, Rowdytum, Widerstands gegen die Staatsgewalt, versuchten illegalen Verlassens sowie negativer Gruppierung. Die Arbeitsrichtung I (operative Tätigkeit mit inoffiziellen kriminalpolizeilichen Mitarbeitern) des PdVP würde an den gleichen Schwerpunkten arbeiten. Alle Hinweise sollten über die HA IX/7 laufen. Das war dann auch der letzte Vorschlag in diesem Schreiben.

Eine Bilddokumentation zum Tatfahrzeug IA 06-72, Besitzer G. P. (undatiert), gefertigt von Kriminalobermeister Heide vom Dezernat IV MUK/KT der Abteilung K im PdVP Berlin, zeigt den Wolga in verschiedenen Ansichten, von denen wir einige ausgewählt haben:

Der Pkw »Wolga« mit dem polizeilichen Kennzeichen IA 06-72

Der Pkw »Wolga« mit dem polizeilichen Kennzeichen IA 06-72 in einer Perspektivaufnahme von hinten rechts

Nahaufnahme vom Nummernschild mit Gewebeabdruckspuren

Weiteren Aufschluss über die Begehungsweise lieferte ein Untersuchungsexperiment am 23. Februar 1973, das von den Mitarbeitern des Instituts für Gerichtliche Medizin der Humboldt-Universität zu Berlin angeregt worden war.

Ziel des Untersuchungsexperiments war es, jede teilnehmende Fachrichtung in die Lage zu versetzen, die zum Tathergang bereits bekannten Fakten logisch in das Geschehen einzuordnen. Es sollte eine einheitliche Auffassung zur Wahrscheinlichkeit des Tatablaufs erzielt werden.

Nahaufnahme des Kofferraums bei geöffneter Klappe (rechts befindet sich ein Reifen, der vermutlich aus einem Diebstahl stammt)

Deshalb nahmen neben Kriminalisten und Stabsoffizieren auch der Staatsanwalt beim Generalstaatsanwalt von Groß-Berlin Miltz, Major Lüdicke von der Hauptabteilung IX/7 des MfS, die Oberärztin Dr. med. habil. Kerde und Dr. med. Waltz vom Institut für Gerichtliche Medizin, Major der K Nachtigall und Oberleutnant der K Diedering vom Kriminalistischen Institut der DVP sowie der Leiter der VPI Pankow, Oberstleutnant der VP Gehrmann, teil.

Der »Illustrierte Bericht« gibt Einblick in den gesamten Ablauf. Als Modell diente eine dazu gefertigte Puppe mit einer Größe von 1,63 Metern, die man an dem angenommenen Ort des Anstoßes am Beginn der von der Fahrbahn nach rechts abbiegenden Spur aufgestellt hatte:

Die Puppe wird durch den rechten Scheinwerfer erfasst und mitgenommen. Nach kurzem Verharren fällt der Oberkörper mit Kopf in Richtung des linken Vorderrads. Die Puppe wird für kurze Zeit an den Kühler gepresst und rollt dann über die vordere Stoßstange ab, wird in der Folge unter den Pkw gezogen und durch diesen überrollt. Die der Puppe aufgesetzte Uniform-Wintermütze fällt dabei der Puppe vom Kopf und rollt weg. Sie kommt aufrecht auf dem Seitenrand stehend etwa 1,2 Meter von der rechten Fahrzeugspur in Höhe der Einmündung derselben auf dem Gehweg zu stehen.

Das Fahrzeug steht, die Puppe befindet sich unter dem Fahrzeug in Höhe des mittleren Türholmes. Der Kopf hat sich von der Puppe gelöst, der Hals weist in nordwestliche Richtung des Pölnitzweges.

Nach Zurückfahren des Fahrzeugs sind zwischen den Reifenspuren nur kaum sichtbare Schleifspuren, die durch die Puppe verursacht wurden, feststellbar. Die Beine der Puppe sind vollkommen verdreht, ähnlich der Situation, in der auch die Leiche des Polizisten vorgefunden wurde.

Abschließend heißt es im »Illustrierten Bericht«: »Im Ergebnis des Untersuchungsexperiments kann festgestellt werden, dass (...) ein analoges Spurenbild gesetzt wurde, zu dem bei der Tatortuntersuchung vom 15.02.1973 festgestellten Spurenbild.« Das war zwar eine sehr sperrige Formulierung, die aber auch vom Laien hervorragend verstanden werden konnte.

Nach Abschluss des Untersuchungsexperiments beriet das Expertenteam im VP-Revier 285 in Berlin-Buch über die Ergebnisse und über noch offene Fragestellungen. Die Gerichtsmedizinerin, Oberärztin Dr. Kerde, und der Major der K Nachtigall vereinbarten am Ende dieser Beratung, sich am 28. Februar 1973 zu treffen, um eine gemeinsame Position zum Tathergang zu gewinnen, die dem Tatgeschehen so nahe wie möglich kommen sollte.

Dr. med. habil. Ch. Kerde und Dr. med. H. Waltz vom Institut für Gerichtliche Medizin der Humboldt-Universität zu Berlin erstatteten auf der Grundlage des Sektionsgutachtens vom 15. Februar 1973 am 28. Februar 1973 ein Gutachten zum Mord an dem Polizisten Biernaczyk, Aktenzeichen 1332-163-73. Berücksichtigt wurde natürlich das am 23. Februar 1973 durchgeführte Untersuchungsexperiment, die vorliegenden Spurenuntersuchungen durch das Kriminalistische Institut (KI), die zusätzliche Besichtigung des Mantels und der Stiefel des Geschädigten sowie die durchgeführte Blutalkoholuntersuchung, die jedoch keine alkoholische Beeinflussung des Opfers ergab.

Im Gutachten wird die Anfahrgeschwindigkeit als relativ gering ausgewiesen, circa 12 Kilometer pro Stunde. Das Unfallgeschehen selbst ist als rasch nacheinander ablaufendes Geschehen in drei Phasen aufzufassen: 1. Anfahren am rechten Straßenrand des in aufrechter Haltung befindlichen Betroffenen durch den rechten Scheinwerfer, 2. »Anmodellieren« an die Vorderfront des Wagens, Transport des Körpers bis auf den Sandweg bei kräftigem Bremsen, dabei Gleiten des Körpers über die Kühlerschürze nach unten und Fahren des stark abgebremsten Wagens über den Körper, und 3. Vorwärtsfahren über den auf dem Boden liegenden Körper bis zum Stillstand des Wagens, Kompression und Drehen des Körpers unter dem rückwärtsfahrenden Wagen.

Handgefertigte Skizze (ohne Maßstab) zur vermutlichen Kontaktstelle des Pkw mit dem Opfer, gefertigt von Kriminalobermeister Heide vom Dezernat IV MUK-KT der Abteilung K des PdVP Berlin (Bilddokumentation vom 21. Februar 1973, Tagebuchnummer 21/73)

In einem Zwischenbericht der Einsatzgruppe Berlin-Buch zum Tötungsverbrechen vom 8. März 1973, unterzeichnet von Major der K Hase, wurden interessante Hinweise und Indizien genannt und ein Fazit über die sehr umfangreiche Arbeit der Kriminalisten gezogen.

Demnach sei das Ehepaar Polensky nach wie vor im Fokus der Untersuchungen. Ihr Fahrzeug »Wolga« wurde nämlich in der fraglichen Zeit mit einem Gemisch Vergaserkraftstoff/Waschbenzin (circa 50:50) gefahren. Zur Verbesserung des Zündvorgangs beim Starten des Fahrzeugs hatte Gerhard Polensky eine Durchbohrung des Luftfilters vorgenommen, um durch die Spritzung mit Vergaserkraftstoff das Starten zu erleichtern. Was wohl heißen soll, dass der »Wolga« schwierig zu starten war. Außerdem wurden im Wagenfond keine beweiserheblichen Spuren gesichert, die auf eine Fremdnutzung schließen lassen. Aus diesem Grunde waren die Eheleute die Hauptverdächtigen. Es war natürlich auch nicht ausgeschlossen, dass eine ihnen bekannte Person, die mit dem »Wolga« vertraut war, die Tat begangen hatte.

Die bisherigen Vernehmungen hatten aber keinen Beweis der Täterschaft erbringen können, bewiesen konnte nur der fortgesetzte Diebstahl von Autoersatzteilen.

Im Zwischenbericht tauchte nun ein weiterer Verdächtiger auf. Wegen Diebstahls und unbefugter Benutzung von Kfz im Rückfall war der der Kriminalpolizei hinreichend bekannte Joachim Nettermann seit dem 16. Februar 1973 inhaftiert. Er besaß für die Tatnacht kein Alibi und hatte sehr gute Ortskenntnisse von Berlin-Buch, weil er im Haus 213 stationär untergebracht war. Er war »Wolgaspezialist«, der in der Vergangenheit nicht davor zurückschreckte, bei Stoppversuchen durch die Volkspolizei seine Fahrt ohne Rücksicht auf Personen fortzusetzen. Eine Täterschaft in der Mordsache Biernaczyk konnte ihm aber bislang nicht nachgewiesen werden. Zur Bearbeitung der Verdachtsfälle Polensky und Nettermann waren 13 Kriminalisten eingesetzt.

Mit den Eheleuten Polensky und Joachim Nettermann verfolgten die Kriminalisten zwei wesentliche Untersuchungsrichtungen, aber, so Major der K Hase, die bisherigen Ermittlungsergebnisse rechtfertigten nicht, die Ermittlungen nach einem Fremdtäter einzustellen. Ein Fremdtäter hätte wohl in erster Linie Bezug zum Parkplatz Schwanebecker Chaussee 06/08. 35 Kriminalisten waren abkommandiert worden, um in einer Einsatzgruppe die dort wohnenden Personen zu überprüfen. Insgesamt waren 950 Personen erfasst worden, von denen bisher 528 als Tatverdächtige ausgeschlossen werden konnten. Die noch verbleibenden 422 Personen waren noch alibimäßig zu überprüfen – eine gewaltige Arbeit!

Schwerpunkte der Überprüfung waren die Schwesternhäuser Schwanebecker Chaussee 06/08 (noch 11 Personen), der Komplex Werk Buch, einschließlich Fremdfirmen (noch 8 Personen), der Klub der Nationalen Front in Berlin-Buch, in dem in der Tatnacht eine Faschingsfeier des Klinikums Buch stattfand (noch 11 Personen), Gäste aus den Gaststätten in Buch (noch 27 Personen), einschlägig Vorbestrafte (noch 66 Personen), kriminell gefährdete Personen (noch 25 Personen), Ermittlung der Zeithilfen des Kartoffelplatzes der Wirtschaftsvereinigung Obst-Gemüse-Speisekartoffeln (noch keine Ermittlung geführt). Insgesamt waren das noch 148 Personen, die schwerpunktmäßig überprüft werden mussten. Sollte dann der Täter immer noch nicht ermittelt worden sein, wollte man 266 Personen im Zuständigkeitsbereich anderer VPI befragen, die einschlägig vorbestraft waren.

Bei den bisherigen Überprüfungen wurde mit beachtet:

1. Einbruch in die HO-Lebensmittelverkaufsstelle im Gelände der Akademie Berlin-Buch in der Nacht vom 14. zum 15. Februar 1973, bei dem Spirituosen, Wurst und Genussmittel entwendet worden waren.
2. Unbefugte Benutzung von Kfz (Moskwitsch, Barkas), Diebstähle aus Kraftfahrzeugen aus dem Jahr 1973 bis nach der Tat vom 15. Februar 1973.

Major der K Hase betonte, dass das Zusammenwirken mit der Arbeitsrichtung I der K, dem MfS und der Hauptabteilung Kriminalpolizei des MdI gewährleistet ist.

Nun war auch das exzellente Gutachten des Kriminalistischen Instituts der Deutschen Volkspolizei bei der MUK im PdVP Berlin eingegangen, datiert auf den 20. März 1973. Auf 19 Seiten legten die Gutachter noch einmal überzeugend und beweiskräftig dar, dass es sich bei dem Pkw »Wolga« mit dem polizeilichen

Kennzeichen IA 06-72 um das Tatfahrzeug handelt. Autoren waren der Sachverständige für Gerichtsphysik, Oberleutnant der K Diplommineraloge Adam, der Sachverständige für Gerichtsbiologie, Oberleutnant der K Diedering, und der Sachverständige für Trassologie, Diplomkriminalist Major der K Nachtigall.

Bis zum 23. März 1973 waren insgesamt 634 Personen überprüft worden, das waren 106 Personen mehr als im Zwischenbericht vom 8. März 1973 ausgewiesen. »Dieser geringe Abschluss resultierte aus der aufwendigen Bearbeitung der Sonderspuren«, womit vor allen Dingen die Polenskys und Nettermann gemeint waren. Auch waren noch 14 Ermittler aus anderen Bezirken der DDR im Einsatz, ab dem 28. März 1973 verringerte sich die Zahl auf 11, da die Kollegen von der MUK Magdeburg abberufen worden waren.

Am 23. März 1973 wurde auch eine Ergänzung der bisherigen Maßnahmepläne (vom 24. Februar 1973 und vom 12. März 1973) zu Papier gebracht und von Oberstleutnant der K Ballschmieter bestätigt.

Darin regte man weitere Überprüfungen und Personenaufklärungen in den anliegenden Betrieben an (zum Beispiel im Werk Buch, vor allem in der Wäscherei, im Elektrizitätswerk und im Heizkraftwerk). Nach der Planergänzung gab es in der Nachtschicht des Heizkraftwerks (vom 14. zum 15. Februar 1973) zwei Vorbestrafte (Holzdiebstahl, Diebstahl von Zierpflanzen, nicht näher definierter Diebstahl und Sachbeschädigung, Vergewaltigung), die durch »Vernehmung, Zeugenvernehmungen, KT-Behandlung, Wohnungsdurchsuchungen, Durchsuchung der Garderobenschränke im Werk Buch« (gemeint war das Heizkraftwerk) unter die Lupe genommen werden sollten, wofür Major der K Hase verantwortlich war. Denn man suchte ja immer noch die Waffe. Deshalb bat der Major den Leiter der K auch, noch drei Kriminaltechniker für die Durchsuchungen bereitzustellen sowie drei Kräfte des Munitionsbergungsdienstes mit Suchgerät.

Einem Protokoll der Einsatzgruppe Berlin-Buch vom 16. April 1973 können wir entnehmen, dass kein Angehöriger des VP-Reviers 285 die Möglichkeit hatte, die Waffe von Biernaczyk illegal und unbeobachtet an sich zu nehmen.

Der Sachstandsbericht der MUK zum Ermittlungsverfahren gegen Sigrid und Gerhard Polensky vom 27. März 1973 zeigte, dass sich die kriminalpolizeilichen Ermittlungen gegen die Eheleute in einer Sackgasse befanden. Bewiesen war, dass ihr »Wolga« das Tatfahrzeug war, aber eine Täterschaft konnte ihnen nicht nachgewiesen werden. Beide stritten die Tat auch energisch ab und gaben sich gegenseitig ein Alibi. Weiter heißt es etwas bürokratisch: »Bisherige Ermittlungen erbrachten keine Beweise dafür, dass die Beschuldigten, einzeln oder gemeinsam im Alibizeitraum außerhalb ihrer Wohnung befindlich waren.«

Auch die bei der Tatortuntersuchung gesicherte Teilschuheindruckspur von einem Absatz konnte dem Schuhwerk beider Beschuldigter nicht zugeordnet werden. Gerhard Polensky gestand aber den mehrfachen Diebstahl von Kfz-Ersatzteilen von seiner damaligen

Dienststelle (VEB Taxi), eines Reserverads aus einem im Stadtbezirk Berlin-Treptow abgestellten »Wolga«, zweier Lampenringe von einem anderen »Wolga« in Berlin-Weißensee, von seiner jetzigen Arbeitsstelle, dem VE Getränkekombinat, einen Wolgareifen und eine Lichtmaschine, beides im Wert von circa 230 Mark. Fortgesetzt entwendete er kleinere Mengen alkoholfreier und alkoholischer Getränke im VE Getränkekombinat. Und von einem Hehler kaufte er 100 Liter Benzin VK 88 zu einem Literpreis von 1 Mark. Aus ungesetzlichen Tauschgeschäften stammten zudem 252,61 DM (»Währung der Deutschen Bundesbank«), die beschlagnahmt wurden. Man beschlagnahmte auch eine Patrone Kaliber 7,62, die der Beschuldigte unrechtmäßig in Besitz hatte und die aus dem Bestand der NVA stammte.

Die Ergebnisse waren wohl so niederschmetternd, dass Major der K Hase am darauffolgenden Tag, am 28. März 1973, gleich einen absichernden Brief an den Generalstaatsanwalt von Groß-Berlin in der Littenstraße verfasste. Darin formulierte er, dass es gegen die Beschuldigte Sigrid Polensky keine Anhaltspunkte für weitere Ermittlungen gibt, »so dass deren Haftentlassung in Erwägung zu ziehen ist«. Dagegen kann Gerhard Polensky trotz des Fehlens von Beweisen nicht eindeutig als Täter ausgeschlossen werden. Er begründete das mit einer Aussage der Ehefrau, die es für möglich hielt, dass ihr Mann sie in der Nacht verlassen hatte, ohne dass sie es bemerkt hätte. »Sie will zuerst eingeschlafen sein, und am Morgen des 15.2.1973 war ihr Mann bereits angekleidet, als sie wach wurde.« Der Major bat, den Haftbefehl gegen Gerhard Polensky vorerst weiterbestehen zu lassen.

Vom 29. März 1973 gibt es mit der Tagebuchnummer 21/73 KT eine Bilddokumentation zum Komplex Schwesternhäuser in Berlin-Buch, Schwanebecker Chaussee 6, als »Anlagekarte« angefertigt von Leutnant der K Frank von der PdVP Berlin, Abteilung K, Dezernat IV. Dabei ging es auch um die Wohnung der Beschuldigten Polensky und den Parkplatz, auf dem der Wolga abgestellt war.

Schwanebecker Chaussee. 1 – Parkplatz, 2 – Giebelwand des Hauses in der Schwanebecker Chaussee 6 (in diesem Haus/Schwesterwohnheim befindet sich die Wohnung von Sigrid Polensky)

Der Maßnahmeplan der erweiterten MUK vom 30. März 1973, wiederum von Major der K Hase und von Oberstleutnant der K Ballschmieter bestätigt, sieht vor, im Falle der Haftentlassung der Polenskys Observationen und Kontrollen neu aufzunehmen. Eine Einbeziehung der Öffentlichkeit durch Fahndungsplakate sollte nun ebenfalls erfolgen.

In den Akten fanden wir einen undatierten Entwurf zu einem solchen Fahndungsplakat, von dem wir nicht wissen, ob es tatsächlich in der dort angegebenen Auflage von 500 Stück gedruckt worden ist. Das Plakat sollte ausgehangen werden in der Umgebung des Parkplatzes Schwanebecker Chaussee und des Klinikums Berlin-Buch, in Geschäften, öffentlichen Einrichtungen und Dienststellen, und mit Einverständnis der BDVP Frankfurt (Oder) in Zepernick und in Schwanebeck; Orte, die nicht mehr zu Berlin gehörten. Größe A2 und in den Farben Rot und Schwarz, so lautete der Vorschlag. Als Text formulierte man:

*In der Nacht zum Donnerstag, dem 15. Februar 1973, in der Zeit zwischen 01.30 Uhr und 04.30 Uhr wurde in Berlin-Buch Pölnitz-/Ecke Röbellweg ein Streifenwachtmeister der Deutschen Volkspolizei mit dem Personenkraftwagen Typ »Wolga«, polizeiliches Kennzeichen IA 06-72, Farbe blau, durch Überfahren getötet.*

*Dieser Personenkraftwagen wurde vor der Tat vom Parkplatz Berlin-Buch, Schwanebecker Chaussee 06–08 (gegenüber dem Haupteingang des Werkes Buch) entwendet und nach dem Verbrechen dort wieder abgestellt.*

*Der oder die Täter hinterließen im Fahrzeug einen handelsüblichen leeren 1-Liter-Milchplastikbeutel, der vermutlich als Stullenverpackungstüte Verwendung fand. (Siehe Abbildung).*

*Für Hinweise, die zur Aufklärung des Verbrechens beitragen, wird eine Belohnung von 5000,-- Mark ausgesetzt.*

*Mitteilungen, die auf Wunsch vertraulich behandelt werden, nimmt die Wache der Deutschen Volkspolizei 285, Berlin-Buch, Pölnitzweg 64, Tel. 56 82 37 oder jede andere VP-Dienststelle entgegen.*

*Der Präsident der Volkspolizei Berlin*

Am 25. Mai 1973 schrieb Oberleutnant der K Viertel den Abschlussbericht zum Ermittlungsverfahren gegen die Eheleute Polensky.

Beide wurden am 9. April 1973 aus der Untersuchungshaft entlassen; das Tatfahrzeug am 13. April 1973 dem Eigentümer zurückgegeben. Am 14. Mai 1973 hob das Stadtbezirksgericht Berlin-Mitte die Haftbefehle auf. Der Verdacht des Mordes konnte nicht bewiesen werden. Dem Generalstaatsanwalt von Groß-Berlin wurde deshalb vorgeschlagen, das Ermittlungsverfahren gemäß Paragraph 148 (1) Ziffer 1 StPO der DDR einzustellen, was auch geschah. Nach dieser Ziffer konnte der Staatsanwalt das Verfahren einstellen, wenn »sich die Beschuldigung oder der Verdacht einer Straftat nicht als begründet erwiesen hat«.

Das Verfahren wegen der Eigentumsdelikte des Gerhard Polensky wurde von den laufenden Ermittlungen abgetrennt und der Staatsanwaltschaft Berlin-Weißensee mit dem Vorschlag der Anwendung des gerichtlichen Strafbefehls »abverfügt«.

Das Ermittlungsverfahren wegen Verdachts des Mordes gegen Unbekannt werde aber intensiv weitergeführt – so der Oberleutnant der K.

Die Tage zogen sich, der Personaleinsatz der Berliner Kriminalpolizei war nach wie vor hoch, aber es war immer mehr Aktionismus, da sich alle Spuren im Sande verliefen – bis zum 25. Mai 1973, der ein sehr ereignisreicher und aufregender Tag war.

Erstens wurde ein Fazit gezogen, und zwar in einem Auswertungsbericht zum Ermittlungsverfahren, Tagebuchnummer 378/73 Pa, wegen Mordes, verfasst von Oberleutnant der K Eckert, BDVP Karl-Marx-Stadt, und Hauptmann der K Terasa, BDVP Cottbus. Sie halfen den Berliner Kollegen, indem sie die Ermittlungsakten nach Schwerpunkten studierten mit dem Ziel, bisher unbekannte Untersuchungsrichtungen zur Ermittlung des Täters festzustellen. Sie machten Vorschläge und zeigten weitere Schwerpunkte auf, die, wie wir heute wissen, aber auch nicht zum Ziel führten.

Zweitens aber kommen wir mit diesem Tage endlich zu einem hochbrisanten neuen Verdächtigen, der Volker Lenz heißt. Genosse Trautenberger von der Abteilung IX des BV Schwerin teilte nämlich der HA IX/7 des MfS an diesem 25. Mai 1973 die Festnahme von Volker Lenz, geboren 1947, wohnhaft in Schwarzheide, im Kreis Senftenberg, mit. Er war wegen unberechtigten Benutzens eines Kfz verhaftet worden. Man fand bei ihm Notizen über die Adresse eines Professors Ueberschär, der in Berlin-Buch im Pölnitzweg wohnte; der Familienname war aber mit »Ueb.« abgekürzt. Und, ganz spannend, dazu noch aufgeschrieben: das polizeiliche Kennzeichen SV 31-74, das von einem Fahrzeug der MUK Leipzig stammte, die ab dem 23. Februar 1973 in Berlin-Buch unterstützend im Einsatz war. Der Vorgang wurde zur weiteren Bearbeitung vom Dezernat II des PdVP Berlin übernommen.

Volker Lenz wurde natürlich nicht nur verhaftet, sondern es begannen umfangreiche Ermittlungen. Als Erstes nahm man den Professor unter die Lupe. Vor allen Dingen wollten Hauptmann der K Kraft und Oberleutnant der K Rohne von der MUK Berlin wissen, wie der Professor in das Notizbuch eines Kriminellen gekommen war. Das war ja selbst für DDR-Verhältnisse ungewöhnlich.

So suchten die beiden Kriminalisten am 28. Mai 1973 den Prof. Dr. med. Ueberschär nicht in seiner Wohnung im Pölnitzweg auf, genauer gesagt, nicht in seiner Villa, sondern an seinem Arbeitsplatz im Zentralinstitut der Akademie der Wissenschaften für Herz- und Kreislaufforschung in Berlin-Buch, Lindenberger Weg (Robert-Rössle-Klinik). Es war schnell geklärt, dass der Mediziner genau die Person war, die Volker Lenz mit seinem Eintrag in seinen Taschenkalender 1973, Seite 40, unter der Spalte »19. März« meinte.

Aber der Professor erklärte, dass ihm ein Volker Lenz aus Schwarzheide in keiner Weise bekannt sei. Er und auch seine Familienangehörigen hätten keinerlei Verbindungen nach Schwarzheide beziehungsweise Senftenberg. Auch bei der Vorlage eines Lichtbilds von Volker Lenz erklärte der Befragte, dass ihm diese Person unbekannt sei. Den abgekürzten Familiennamen konnte er sich zunächst nicht erklärten. Dann fiel ihm aber ein, dass er Anfang 1973 über die DEWAG-Anzeigenwerbung eine Annonce in der Zeitschrift *Wochenpost* unter Verwendung der genannten Namensabkürzung mit einem Stellenangebot für eine Hausangestellte aufgegeben hatte. Die gleiche Namensabkürzung habe er Jahre zuvor für eine Annonce in der *Wochenpost* schon einmal benutzt.

Auf die Frage, ob er die letzte Anzeige noch habe, erklärte er, er habe die Zeitschrift nach Erscheinen weggeworfen. Mehr konnte der Professor zur Sachverhaltsaufklärung nicht beitragen.

Die Kriminalisten suchten noch die Ehefrau und die jetzige, ebenfalls dort wohnende Hausangestellte in der Villa des Professors Ueberschär auf und befragten sie. Beide kannten Volker Lenz nicht, und auch nach Vorlage des Lichtbilds kamen ihnen keine Erinnerungen, die mit dieser Person zusammenhingen.

Danach suchten die Kriminalisten die Archivabteilung der DEWAG-Berlin, Anzeigenaufnahme, in 1054 Berlin, in der Wilhelm-Pieck-Straße (heute Torstraße) auf. Und jetzt gab es einen Beweis. Die von ihnen gesuchte Annonce erschien in der *Wochenpost* im Heft 6/1973, Erscheinungstag war der 2. Februar 1973. Auf Seite 20 war unter der Rubrik »Stellenangebote« zu lesen:

*Hausangestellte in Kost u. Logis, Zimmer mit eig. Eingang, ges., für Villenhaushalt mit Kindern. Prof. Ueb., 1115 Berlin-Buch, Pölnitzweg (…).*

Auch andere Anzeigen waren im Taschenkalender von Volker Lenz auf Seite 40 aufgenommen worden, alle von der Seite 20 der genannten Ausgabe der *Wochenpost*. Aus der Rubrik »Stellengesuche« eine Adresse aus 2385 Zingst an der Ostsee und aus der Rubrik »An- und Verkäufe« eine Adresse aus Gera.

Die Kriminalisten wiesen abschließend darauf hin, dass die relevanten Eintragungen im Taschenkalender des Verdächtigen Lenz sowie die betreffenden Annoncen durch den Kriminaltechniker in eine Bilddokumentation eingegangen waren.

Oberleutnant der K Viertel und Leutnant der K Rebentisch ermittelten am 28. und 29. Mai 1973 in Senftenberg, Schwarzheide und Lauchhammer zu »Volker Lenz, geb. 1947, wohnhaft in Schwarzheide, z. Z. UHA Perleberg«. Das Protokoll verfassten sie einen Tag nach ihrer Rückkehr in Berlin.

Die Ergebnisse waren vielversprechend. Der K-Leiter von Senftenberg, Hauptmann der K Bartsch, gab an, dass Lenz »eine äußerst negative Person ist, die schon oft kriminell in Erscheinung getreten ist«. Sein Tatenregister war fulminant: Einbrüche, unbefugte Kfz-Benutzung, wobei er die Typen »Wolga« und »Moskwitsch« bevorzugte. Als eine Kontaktperson wurde ein K. genannt – mit Hauptwohnung in Schwarzheide, wo er sich aber kaum aufhält, und Nebenwohnung in Hermsdorf am Hermsdorfer Kreuz, nicht in Hermsdorf im Kreis Senftenberg.

Lenz arbeitete seit dem 29. November 1972 als Schlosser im VEB Braunkohlenkombinat Lauchhammer, Hauptwerkstatt Süd. Während seiner Anwesenheit verrichtete er eine zufriedenstellende Arbeit, so sein Meister. Allerdings hatte er sich von seinem Kollektiv isoliert, pflegte keinerlei Kontakt über die Arbeitszeit hinaus. Der Meister wusste aber, dass sich Lenz alle vierzehn Tage auf dem VPKA Senftenberg melden musste. Die Anwesenheitsliste warf ein Licht auf seine Arbeitsmoral. Vom 7. bis zum 17. April 1973 fehlte er unentschuldigt! Er war, so der Meister weiterhin, mit Sicherheit nicht am 14. und 15. Februar in seiner Abteilung.

Die Durchsicht der Lohnauszahlungslisten ergab, dass Lenz am 15. Februar 1973 33 Mark der DDR vom Lohnbüro ausgezahlt wurden. Da müsste er also im Betrieb gewesen sein (bis 15 Uhr, da endete die Auszahlung), aber nicht in der Schlosserei. Die Kollegin vom Lohnbüro räumte aber ein, dass manchmal der Lohnabschlag auch ein oder zwei Tage später ausgezahlt wurde. Das konkrete Datum des Empfangs stand nie auf den Unterschriftslisten.

In der Kaderakte von Volker Lenz gab es keine weiteren Rückschlüsse auf die Persönlichkeit. Interessant war nur der Fakt, dass er von 1961 bis 1962 im Jugendwerkhof Bad Wilsnack, Kreis Perleberg, im Bezirk Schwerin, untergebracht war.

Da sich Lenz hat oft krankschreiben lassen, wurde die behandelnde Ärztin befragt. Diese gab an, dass er an einer Magenkrankheit leide und sich am 16. Februar 1973 bei ihr vorstellte.

Die Wohnungsdurchsuchung bei Volker Lenz, der bei

seinen Eltern lebte, ergab interessante Details. Seine Eltern meinten zunächst, dass sie ihn letztmalig am 7. Februar zu Hause gesehen hätten. Ein konkretes Alibi für den 14. und 15. Februar 1973 konnten sie ihrem Sohn dann aber nicht geben, weil sie sich nicht mehr erinnern konnten. Der Vater wusste, dass sich sein Sohn aus der *Wochenpost*, die ständig im Haushalt gelesen wird, immer Annoncen herausgeschrieben hatte; warum, war ihm aber nicht bekannt.

Volker Lenz trank gern Milch und hatte die Schuhgröße 42. »Die Überprüfung des Schuhwerks in der Wohnung und im Garderobenschrank am Arbeitsplatz verlief negativ«, heißt es im Bericht.

Volker Lenz wurde in die Untersuchungshaftanstalt II nach Berlin-Mitte in die Keibelstraße überführt und von Kriminalisten der MUK vernommen.

In seiner Vernehmung am 31. Mai 1973 anerkannte er den Taschenkalender als sein Eigentum. Er wusste nicht mehr genau, wie die Adresse des Professors dort hineingekommen war (Zeitungen, Zeitschriften, Tipp von einem Mitstrafgefangenen aus dem Strafvollzug Brandenburg), aber der Zweck war eindeutig. Wenn er einmal in Not war, wollte er dort einsteigen. »Mir ist bekannt, dass in Berlin-Buch viele Ärzte wohnen, und dort ist meistens etwas zu holen.« Als er nach den anderen Eintragungen vernommen wurde, konnte er sich erinnern, dass diese Adressen aus der *Wochenpost* stammten.

Nach dem Eintrag »SV 31-74« befragt, erklärte Lenz, dass er von seiner Vernehmung in Perleberg weiß, dass das die Autonummer eines Dienstfahrzeugs der MUK Leipzig ist. In Wirklichkeit sei damit das Kreiskrankenhaus Senftenberg gemeint mit der Telefonnummer 3174, die er von einer Bekannten, einer OP-Schwester, bekommen hatte. Für die Abkürzung SV konnte er nur die Erklärung geben, dass diese beiden Großbuchstaben dort bereits geschrieben standen, als er die Telefonnummer dahinter schrieb. Er wisse nicht, wie der Querstrich bei der Nummer hereingekommen ist und warum sie nicht bei den anderen Telefonnummern notiert worden war.

Die Kriminalisten hielten ihm vor, dass das alles sehr unglaubwürdig sei. Aber Volker Lenz ließ sich nicht beeinflussen, er blieb bei seiner Meinung.

Auch in der darauffolgenden Vernehmung am 1. Juni 1973 blieb er bei seiner Darstellung. Er schwor geradezu, dass die 31-74 diese Telefonnummer ist und er mit dem Mord an dem Polizisten nichts zu tun habe. Aber er wolle sein Gewissen nun endlich bereinigen, und er erzählte, dass er sich umfangreich betätigte, um gestohlene Ware an einen Hehler zu bringen, von Leipzig nach Wismar. Den Einbrecher S. kannte er aus gemeinsamen Haftzeiten in Leipzig, und der Hehler war ihm mit Namen nicht bekannt. Zum dritten Mal fuhr Lenz am 13. April 1973 nach Wismar. Der Hehler nahm nicht alles Diebesgut aus westlicher Produktion ab – keinen Kaffee und Kakao. Diese Waren verkaufte Lenz dann selbst in der Gaststätte *Kurve* in Wismar. Vom 13. bis zum 16. April hielt er sich in der Hansestadt auf.

Die nächsten Ausführungen ließen die Kriminalisten

aufhorchen. Am 14. April traf er zufällig seinen »Kunden«, und sie suchten gemeinsam die Gaststätte *Kurve* auf. Dort wurde Lenz mit einem weiteren Mann bekannt, mit dem er sich ausführlich unterhalten haben will. Lenz brachte ihm gegenüber zum Ausdruck, dass er gern in den Westen wolle, woraufhin der namentlich nicht bekannte Mann ihm seine Hilfe angeboten hat, falls er einmal in Not sei. Lenz solle sich nur wochentags um 15 Uhr an den Haupteingang des Hafens stellen, und dann würden sie sich treffen, wenn er von der Arbeit kommt. »In diesem Zusammenhang sagte er auch aus«, so Lenz, »dass bereits eine männliche Person, welche in Berlin mit einem ›Wolga‹ jemanden weggefegt hat, in Wismar in einem sicheren Versteck ist und auf die Ausreise per Schiff nach Westdeutschland, natürlich illegal, wartet. Diese Person soll im Besitz einer Schusswaffe ›Makarow‹ sein und soll bereits einen Schuss daraus abgegeben haben.«

Warum dieser Schuss abgegeben wurde, wie diese versteckte Person heiße und wo sie sich aufhielt – das wusste Lenz aber nicht. Jedenfalls laut Protokoll. Bis dahin habe er auch nichts von einem Polizistenmord gewusst.

Zum Zeitpunkt der Tat will Lenz zu Hause gewesen sein; er habe in seiner elterlichen Wohnung ferngesehen. An den Film könne er sich nicht erinnern, aber sie bekämen nur »DDR, I. Programm«.

Die Vernehmer sagten ihm unverzüglich, welcher Film lief: *Messer im Rücken*. Jetzt beschrieb Volker Lenz den Film und seine Handlung ganz wunderbar, aber die

Ermittler wussten natürlich, dass er diesen Film auch zu einer anderen Zeit und auch an einem anderen Ort gesehen haben konnte.

Am 6. Juni 1973 wurde Volker Lenz abermals vernommen, und obwohl die Vernehmung drei Stunden dauerte, war das Protokoll nur eine Seite lang. Ihm wurde vorgehalten, dass er, nach Überprüfung seiner Angaben in be- und entlastender Hinsicht, bewusst falsche Aussagen gemacht hat. Das Ringen um eine Antwort gestaltete sich wohl schwierig. Zu dem Vorhalt sagte Lenz nur: »Ich beantworte die Frage weder mit nein noch ja, mir ist alles egal, dann soll man mich eben verurteilen.«

Bei der letzten Vernehmung am 7. Juni 1973, die wir in den Akten fanden, war er aber wieder redseliger. Zu Beginn betonte der Beschuldigte, dass er gewillt sei, Aussagen zu machen. Auf den Vorhalt, unwahre Darstellungen gegeben zu haben, schwieg er aber wieder (insgesamt sieben Minuten). Dann nach dreißig Minuten: »Auch die Sache mit Wismar ist erlogen. Die Sache mit der Autonummer. Sie wollen von mir wissen, woher ich diese Autonummer habe. Dies kann ich Ihnen nicht sagen. Das werden Sie auch in zwei Jahren nicht von mir erfahren.«

Allerdings beschrieb er sein Verhältnis zu S. nun anders, er habe ihn nach 1967 nicht mehr gesehen. Er gab zu, dass die dreimaligen Reisen nach Wismar gelogen waren. Auf die Frage, warum er diese Geschichte erzählt habe, antwortete er: »Das weiß ich nicht, warum ich das getan habe. Eine andere Erklärung kann ich nicht geben. Mir fehlt das Interesse an der Wahrheitsfindung.« Allerdings hat er nun doch gewusst, dass etwas in Berlin mit einem Polizisten passiert war. Angeblich hatte seine Mutter davon in der *Lausitzer Rundschau* gelesen. Auch ein Bekannter, dessen Name er nicht nennen wollte, erzählte davon.

Jetzt gab er aber eine andere Darstellung. Am Donnerstag, den 12. April 1973, sei er mit dem Zug von Leipzig nach Bad Wilsnack gefahren, die Nacht zum 13. April verbrachte er auf dem Bahnhof. Das Ziel sei es gewesen, den Jugendwerkhof in Sigrön, ein paar Kilometer nördlich von Bad Wilsnack, aufzusuchen, wo er als 14-Jähriger ein Jahr verbracht hatte. Auf dem Bahnhof verkaufte er noch Diebesgut (zwei Flaschen Schnaps, etwas Bohnenkaffee), das er von einer Person in Leipzig bekommen hatte. Dann fuhr er nach Wismar weiter, wo er das restliche Diebesgut verkaufte. Es war, wie er jetzt erklärte, die einzige Fahrt nach Wismar, um etwas zu verkaufen.

Mit dem Dieb, den er am 12. April 1973 in Leipzig kennengelernt haben will, war Volker Lenz bis nach Wittenberge gefahren, wo er ausstieg, um nach Bad Wilsnack zu gelangen. Dieser Person hatte er sich als Westdeutscher ausgegeben und sogar Ausweise gezeigt. Bei einem Diebstahl in einen Pkw »Wolga« in Jena hatte er einen Sonderausweis und einen Betriebsausweis entwendet.

Am 13. April 1973 sei er dann weiter nach Wismar gefahren, um einen Bekannten zu besuchen und Waren abzusetzen. Bei dem Bekannten habe er dann drei

Nächte geschlafen. Ein Unbekannter habe in der Gaststätte *Kurve* die schon erzählte Geschichte erwähnt, dass in Berlin jemand einen Polizisten mit dem »Wolga« »weggefegt« hat. Und er hat, von Lenz nach dem Täter gefragt, hinzugefügt: »Nach dem können sie lange suchen, er sitzt in einem bebensicheren Versteck.« Lenz nahm an, dass der Mörder in Wismar versteckt worden ist. Auch die Geschichte mit der Waffe Typ »Makarow«, mit der bereits ein Schuss abgegeben worden sei, wiederholte er. Und da die »Grünen«, also die Volkspolizisten, »Makarows« haben, hatte er messerscharf geschlussfolgert, dass es genau die Waffe war, die der Mörder dem Polizisten entwendete.

Der Eintrag »SV 31-74« kam abermals zur Sprache. Lenz beteuerte, dass es eine Telefonnummer sei. Auf Vorhalt der Vernehmer, dass es sich bei dieser Rufnummer nicht um eine des Kreiskrankenhauses Senftenberg handele, reagierte Lenz in der gewohnten Art. Es ist eine Telefonnummer. Punkt. Und wem sie gehört, das kriege ich noch heraus … Und auch zum Bindestrich und zu den Buchstaben »S« und »V« fiel ihm nichts Neues ein.

Zu dieser Vernehmung vom 7. Juni 1973 gibt es aber noch ein zweites Protokoll, das wahrscheinlich wegen der Brisanz des Falles vom Hauptprotokoll abgetrennt wurde. Denn der Bekannte, der ihm erzählte, dass in Berlin etwas mit einem Polizisten geschehen war, war der Mitarbeiter des MfS Heinz Kalisch von der KD Senftenberg, verantwortlich für die Kokerei des Kombinats Lauchhammer. »Mit diesem Genossen habe ich zusammengearbeitet und war auch in seinem Auftrag in Leipzig. Dort wollte ich in den Ring einsteigen, von dem ich auch in einem Falle Diebesgut hatte, welches ich nach Wismar gebracht hatte.«

Seine Informationen aus Wismar (mit einem »Wolga« einen Polizisten »weggefegt«, der Täter im sicheren Versteck mit einer Schusswaffe) wollte er Heinz Kalisch mitteilen, aber auf dem Rückweg wurde er ja in Perleberg festgenommen. Er habe seinen Perleberger Vernehmer gebeten, Heinz Kalisch anrufen zu dürfen; das wurde aber nicht genehmigt. Auch ein Gespräch mit dem Verbindungsoffizier des MfS in der UHA Perleberg führte zu keiner Kontaktaufnahme zu Kalisch. Ein zweites Gespräch mit diesem Verbindungsoffizier kam nicht zustande, weil ein Meister des Strafvollzugs ihm sagte, dass Kalisch keinen Wert mehr auf ein Gespräch mit ihm lege.

Ebenfalls am 7. Juni 1973 konnte Hauptmann Lapp von der Hauptabteilung IX/7 des MfS in Berlin einen dazu passenden Aktenvermerk fertigen. Danach war Lenz seit dem 8. Januar 1973 registrierter Inoffizieller Mitarbeiter Sicherheit (IMS) der KD Senftenberg, OG Lauchhammer. Geführt wurde er von Unterleutnant Kalisch. Dem MfS wurde er durch die Amnestie 1972 bekannt, in der Folgezeit war er angeworben worden. Lenz berichtete mehrmals, dass er in Leipzig Kontakt zu einem Einbrecherring gefunden hatte und an dessen Aufdeckung arbeiten könnte. »Zur Überprüfung der Angaben ist Lenz vom 6.–8.4.73 zum Einsatz nach Leipzig geschickt worden und wurde durch Mitarbeiter der Kriminalpolizei, Dez. 1, gesteuert. Seine dort gemachten Angaben über

Zugang zu verbrecherischen Personenkreisen hielten einer Überprüfung nicht stand. Lenz erhielt deshalb den Auftrag, Leipzig zu verlassen und nach Lauchhammer zu fahren. Nachträglich wurde in Leipzig bekannt, dass er bei einem H., P., geb. (…) 1957, wohnh.: 7033 Leipzig (…) übernachtete und dessen Großmutter 120,00 M entwendet haben müsste. Eine Anzeige gegen Unbekannt liegt bei der RKSt Leipzig-West vor.«

Am 1. Februar 1973, so wird weiter berichtet, hatte Lenz ohne Kenntnis des MfS bei der Abteilung Inneres in Senftenberg einen schriftlichen Antrag auf Aberkennung der Staatsbürgerschaft der DDR und legalen Verzug nach Westdeutschland gestellt. Aus der festgestellten Unehrlichkeit wurde die Zusammenarbeit mit dem MfS unverzüglich beendet.

Wörtlich heißt es in diesem Antrag:

*Das Motiv dieses Antrages entspricht nicht etwa einer emotionellen Gefühlsaufwallung, sondern soll vielmehr Ausdruck meiner Konfession, meiner Weltanschauung sein. Durch meine Erziehung, die teils durchs Elternhaus, teils durch staatliche Institutionen, wobei Letzteres überwiegt, getilgt wurde, war es mir schon frühzeitig mit aller Präzision vorgeführt worden, welches System in diesem Staat angewandt wird. Denn diesen Staat zu bekämpfen, ist ebenso ehrenhaft wie ihm zu dienen. Hier hat sich eine Schicht herauskristallisiert, denen Privilegien zugesagt werden, mir aber persönlich meine rechtlichen Seiten stark gekürzt werden. Als Antikommunist mit steigenden Tendenzen zum National-*

*sozialismus werde ich stets gegen diesen Staat sein, und mein Hass wurde stets durch die Terrorurteile dieser Justizmaschinerie, die gegen mich ausgesprochen wurden, nur noch gestärkt und vervielfacht. Für mich gibt es nur ein Vaterland, eine Heimat, und das ist die BRD. Ich möchte nur aus der Präambel der UNO-Charta einige Zeilen aus dem Artikel 13 rezitieren. Dort steht: »Jeder Mensch hat das Recht, jedes Land, einschließlich seines eigenen, zu verlassen, sowie in sein Land zurückzukehren.«*

*Das ist hier leider nicht der Fall, und ich sehe mich deshalb gezwungen, diesen Antrag einzureichen. Denn in einem Staat, wo mir meine Rechte, meine Freiheit mit Gewalt niedergedrückt werden, kann ich unmöglich leben, und solch ein Staat wird und kann nicht meine Heimat sein. Ich lebe mein Leben und nicht das Leben anderer. Sollte meinem Antrag nicht stattgegeben werden, so sehe ich mich gezwungen, mit unreellen Mitteln nach der BRD zu gelangen.*

*Hochachtungsvoll Volker Lenz*

Am 6. März 1973 sprach der Abteilungsleiter Innere Angelegenheiten Beier vom Rat des Kreises Senftenberg mit Volker Lenz, worüber er am 14. März 1973 einen Aktenvermerk zu Papier brachte.

Zu den Gründen seines Antrags hatte Volker Lenz ergänzend dargelegt:

- Im Strafvollzug habe er kennengelernt, »wie das System hier ist«.

- Er hätte »Schulden in Höhe von 52.000 Mark« aus seinen strafbaren Handlungen.
- Der Strafvollzug in Brandenburg war hart, »obwohl in unseren Zeitungen immer über einen humanen Strafvollzug und die Sorge um den Menschen geschrieben wird«.
- Er hätte keine Chance, »hier hochzukommen«.
- Das Leben ist ihm »hier versaut«.

Im Verlauf des Gesprächs, erstmalig mit ihm in ruhiger und sachlicher Atmosphäre, so Abteilungsleiter Beier, sah Lenz insgesamt sein Selbstverschulden ein, bestand aber auf eine Ausweisung aus dem Staatsgebiet der DDR. In dieser Aussprache wurde sein Antrag abgelehnt. Lenz gab dann an, sein Ziel mit anderen Mitteln zu erreichen, die anderen Mittel wurden aber nicht näher bezeichnet. Aus dem schriftlichen Antrag war aber klar, dass er mit einem illegalen Verzug nach Westdeutschland drohte.

Heinz Kalisch erschien am 12. Juni 1973 bei der HA IX/7, um mit Lenz in der UHA II zu sprechen und ihn zu einer wahrheitsgemäßen Aussage zu bewegen. Ob das gelungen war, darüber wurde nicht berichtet. Heinz Kalisch brachte auch die OKR-Akte der VP zu Lenz mit, die Berichte über seinen Einsatz in Leipzig und alle Unterlagen über den beantragten Verzug nach Westdeutschland.

Sehr aufschlussreich ist der Bericht von Oberleutnant der K Wentzke (Dienststelle unbekannt, vermutlich AG I der K Leipzig) vom 9. April 1973 zur zeitweiligen

Zusammenarbeit mit einer »Quelle« der KD/MfS Senftenberg über das Wochenende vom 6. bis zum 8. April 1973 in Leipzig. Die »Quelle« hatte den Decknamen »Heini« erhalten und war zweifelsfrei Volker Lenz. Der Vorgang war abgestimmt mit der KD Leipzig-Stadt des MfS. Angesetzt war er auf Dieter Süßmann, den er im Strafvollzug in Brandenburg kennengelernt hatte.

Beim ersten Treff mit »Heini« berichtete er von einem dubiosen Keller in der Leipziger Nicolaistraße. Vor circa drei Wochen hatte er auf dem Hauptbahnhof zwei Vorbestrafte kennengelernt, die ihm sogleich in den Keller mitnahmen. Nach entsprechendem Klingeln wurde von einem älteren Mann geöffnet. »Heini« meinte, dass dort Diebesgut versetzt wird, dass der schwarze Markt blühe und dort auch Personen Unterschlupf gewährt wird. Beweise dafür konnte »Heini« nicht erbringen, auch die Personenbeschreibungen der beiden Kriminellen waren nicht verwertbar, meinte der Oberleutnant in seinem Bericht.

Vor acht Tagen sei »Heini« wieder allein zu dem Keller gegangen und erhielt auch Einlass; dort traf er die beiden wieder, die aber jetzt vorsichtiger waren und ihm angeblich nicht mehr trauten.

Oberleutnant der K Wentzke bemerkte hierzu: »Im Verlauf des Treffs wurde aufgrund bestimmter Umstände immer offensichtlicher, dass ›Heini‹ nicht wahrheitsgetreu berichtete und sein ganzes Wissen sich lediglich darauf aufbaut, was er von Süßmann in der Haft erfahren hat. Alle Fragen zu bestimmten Details, besonders auf den Keller bezogen, konnte er nicht beantworten.

Es ergaben sich dazu zahlreiche Widersprüche, die ihm jedoch nicht vorgehalten wurden. (Dies bezog sich besonders auf das Klingeln, um Einlass in den Keller zu bekommen.) Seine Darlegungen weichen stark von den hier bekannten Einzelheiten ab.«

Das war eine sehr klare Aussage.

»Heini« traf auch einen Peter Harnisch, geboren 1957 in Leipzig, vorbestraft: 1971 Versuch des ungesetzlichen Grenzübertritts, 1973 unberechtigtes Benutzen eines Kfz (Angaben wurden durch den Oberleutnant »nach Karteiüberprüfungen« ergänzt), konnte aber zu dieser Person keinerlei verwertbare Angaben machen.

Sein Führungsoffizier vom Arbeitsgebiet I der Kriminalpolizei dankte »Heini« am Sonntag, den 8. April 1973, für die geleistete Unterstützung und sagte ihm, dass er Leipzig am zeitigen Abend verlassen solle, damit er am Montag ordnungsgemäß seiner Arbeit nachgehen könne. Die mitgeteilten Sachverhalte würden geprüft.

»Heini« reiste aber am 8. April 1973 nicht ab. Er meldete sich um 21.30 Uhr beim Oberleutnant noch einmal telefonisch. Er sei jetzt in einer Gaststätte, deren Lokalnamen er nicht weiß, und er habe Kenntnis erhalten, dass diese Nacht in Schkeuditz ein Einbruch erfolgen soll, was »Schwemme« ihm erzählt habe …

Abschließend heißt es in dem insgesamt fünfseitigen Bericht: »Nach Lage der Dinge gelangt man zu dem Schluss, dass ›Heini‹ unter Ausnutzung während der Haftzeit erlangter Teilkenntnisse seinen Einsatz in Leipzig zum persönlichen Vorteil motiviert. Es wird empfohlen, von einem weiteren Einsatz in Leipzig abzusehen.«

Oberleutnant der K Wentzke aus Leipzig war weiterhin fleißig. Er ließ Peter Harnisch zuführen und befragte ihn am 11. April 1973. Dieser berichtete, dass ihn am Freitag, den 6. April 1973, ein Unbekannter in der Osthalle des Hauptbahnhofs angesprochen hatte, der einen Kfz-Dienst in der Nicolaistraße suchte. Da sie keinen Kfz-Dienst fanden, gingen sie in die Gaststätte *Sachsenbräu*. Der Unbekannte erzählte, dass er Volker Lenz heiße, aus Westberlin komme und auf der Durchreise sei. Er habe noch kein Quartier. Lenz konnte bei Peter Harnisch und seiner Großmutter nächtigen, und gemeinsam besuchten sie verschiedene Gaststätten.

Am Montag, wir schreiben schon den 9. April 1973, ging Peter Harnisch zur Berufsschule; Lenz blieb allein in der Wohnung. Als die Großmutter Schlafzeug aus dem Wohnzimmer in das Schlafzimmer schaffte, hatte sich Lenz unter Mitnahme seiner Sachen aus der Wohnung geschlichen. Beim Einkaufen bemerkte dann die Großmutter, dass aus ihrer Geldbörse 20 Mark fehlten. In der Kassette im Kleiderschrank steckte immer der Schlüssel, aber der fehlte. Harnisch musste die Kassette aufbrechen, und die beiden 50-Mark-Scheine waren auch nicht mehr da. Der Gesamtschaden belief sich also auf 120 Mark. Daraufhin wurde bei der Revierkriminalstelle Leipzig-West Anzeige gegen Unbekannt erstattet.

Peter Harnisch sagte darüber hinaus noch aus, dass Lenz sowohl am Sonnabend als auch am Sonntag versucht hatte, wiederholt Kfz aufzuschließen. Er hatte drei Kfz-Schlüssel an einem gesonderten Bund. Es handelte sich ausschließlich um Pkw der Marke »Moskwitsch«. Volker Lenz beging als Quelle »Heini« Straftaten, was man ihm behördlicherseits streng untersagte, und war somit als reisender Täter entlarvt, der weiter straffällig werden wird.

Viele Spuren wurden verfolgt. Ein neuer Maßnahmeplan der erweiterten MUK vom 1. Juni 1973 fasste den bisherigen Ermittlungsstand zusammen und legte die nächsten Aufgaben fest, denn der Täter war noch immer nicht gefasst. Es gab heiße Spuren und Beschuldigte, aber hatten sie das Verbrechen begangen?

Hauptmann der K Kraft stellte in dem Dokument fest, dass dem Ehepaar Polensky die Täterschaft nicht nachgewiesen werden konnte; es musste nach dem bisherigen Kenntnisstand eine unbefugte Benutzung des Tatfahrzeugs vorliegen. Noch die restlichen 37 erfassten Personen aus den Komplexen »Vorbestrafte Buch und Umgebung« und »Allgemeine Hinweise« (hier wurden Namen genannt) mussten überprüft werden, weiterhin 12 Personen aus dem Bereich der näheren Umgebung des Parkplatzes. Mit der weiteren Bearbeitung der Sonderspur »Volker Lenz« anhand der vorliegenden Ermittlungsergebnisse aus Perleberg, Senftenberg und Berlin wurden Leutnant der K Rebentisch und Leutnant der K Koker beauftragt; sie hatten dafür Zeit bis zum 8. Juni 1973.

Von Interesse war auch die Auswertung des von der VPI Pankow, Abteilung K, vorläufig eingestellten Vorgangs (Einbruchsdiebstahl in der HO-Verkaufsbaracke auf dem Gelände der Akademie der Wissenschaften der DDR) in der Nacht vom 14. zum 15. Februar 1973. Dabei ging es vor allem um die Spurenauswertung und die Aussage eines Zeugen, der eine männliche Person mit einem Sack in der Tatnacht wahrgenommen hatte.

Am 4. Juni 1973 um 7.30 Uhr meldete die Einsatzgruppe IX des MfS im Präsidium der Volkspolizei Berlin an die Hauptabteilung IX, die Genossen Fister (Leiter der HA IX) und Böhme (IX/7), dass zwei Jugendliche zur VPI Pankow durch einen Taxifahrer zugeführt worden waren. Die Jugendlichen, ein DDR-Bürger und ein polnischer Staatsbürger, hatten während der Taxifahrt eine mit der Ermordung des VP-Angehörigen in Berlin-Buch im Zusammenhang stehende Unterhaltung geführt. Ein Jugendlicher meinte sogar, dass er den Täter kenne; der habe aber ein gutes Alibi. »Den werden sie nicht finden«, soll er gesagt haben. Schnell wurde geklärt, dass sich diese Äußerungen lediglich auf den Inhalt einer bekannten Sonderspur bezogen, also keine Relevanz vorlag. So war der Zwangsaufenthalt der beiden Jugendlichen in der VPI kurz, aber schmerzlos.

Aufschlussreich war ein Bericht von Oberleunant der K Kennecke vom Dezernat II im PdVP Berlin, den er am 22. Juni fertigte. Wir zitieren:

*Betr.: Strafverf. gg. Lenz, Volker*

*Aus inoffizieller Quelle wurde bekannt:*

*In der Nacht vom 14. zum 15. Februar 1973 wollte Lenz*

*mit einem Kumpel – soll in Buch wohnen und Meyer heißen – in die Wohnung eines Professors einbrechen. Diese Adresse dieser Wohnung und Name hätte Lenz in seinem Notizbuch zu stehen.*

*Er war vermutlich am 14.02., angeblich mit einem Leihwagen von jenem Ort, wo er den Posteinbruch gemacht hatte, nach Berlin gekommen.*

*Nach Berlin-Buch sei er aber mit der S-Bahn gefahren, weil er schon einmal mit einem gestohlenen Auto in Berlin gestellt worden war und der Inspektion Berlin-Friedrichshain zugeführt worden war. Er hätte sich damals – genauer Zeitpunkt wurde nicht genannt – nur mit Mühe herausreden können.*

*In Buch hätte er sich mit dem sogenannten Kumpel getroffen. Lenz hätte nicht gesagt, wo er den »Kumpel« traf, zu welchem Zeitpunkt dies war usw.*

*Dann hätte Lenz in einer Gaststätte am Krankenhaus – vermutlich in der Nähe der S-Bahn – auf seinen »Kumpel« gewartet, während dieser angeblich eine S-Bahnstation weiter fuhr, um ein Auto zu holen. (Keine nähere Erklärung über den Wagentyp oder den Ort oder von wem das Auto geholt wurde.)*

*So wie Lenz es dargestellt hätte, sei er dann von dem »Kumpel« in der Gaststätte abgeholt worden, und beide wären zur Wohnung des Professors gefahren. (Zeitpunkt nicht erwähnt.) Dort angekommen, hätten sie nur die Örtlichkeit sich ansehen wollen. Da es aber für einen Einbruch noch zu früh gewesen sei, wären sie wieder fortgefahren.*

*Lenz soll weiter gesagt haben: auf der Rückfahrt ist*

*da dann die Sache passiert, warum sie ihn nach Berlin holten.*

*Bei den Vorhalten, die Lenz zu seinem Aufenthalt in Buch gemacht wurden, wären zeitlich gesehen Fehler vorhanden gewesen. Die ganzen Berechnungen hätten sich darauf gestützt, dass er mit der Bahn gefahren sei; auf die Idee, er könne sich wieder ein Auto beschafft haben, wäre angeblich niemand gekommen.*

*Man hätte ja feststellen müssen, dass er am nächsten Tage gleich wieder im Betrieb war und sein Geld abholte. Allerdings hätte man ihm die Geschichte mit dem Fernsehfilm nicht abgenommen, den er zur fraglichen Zeit gesehen haben wollte. Da hätte man ihm vorgehalten, dass er den Film auch schon zu einem anderen Zeitpunkt ansah und den Inhalt erzählte.*

*Gesprächsweise erwähnte Lenz, dass er eine Bekannte – Sigrid Schumann, whf. Prenzlauer Berg, (…) – hätte. Ein anderer »Kumpel«, genannt Kalle, soll Schönhauser Allee wohnen. Mit diesem sei er oft in der Mokka-Milch-Eisbar Karl-Marx-Allee gewesen und hätte sich von ihm das neuerbaute Stadtzentrum zeigen lassen.*

*Mit einer namentlich ebenfalls nicht genannten Freundin will Lenz im Hotel »Königstein«, Zimmer 11 o. 12, übernachtet haben. Dann hätte er etwas in sein Notizbuch geschrieben. Lenz überlegte, ob er nicht dort begangene Straftaten zugeben soll, damit sie ihn dort zurückverlegen und er wieder von Berlin fortkommt.*

*Dann hätte Lenz von einem Einbruch in einen Intershop in Leipzig, in der Nähe der Oper, gesprochen.*

*Angeblich hätte er diesen Einbruch gemeinsam mit einem Freund gemacht, der in Leipzig wohnen soll. Er sagte, dass er Zigaretten und Bekleidung entwendete.*

*Es sei seine Angewohnheit gewesen, das Diebesgut zunächst in der Nähe des Tatortes zu verstecken. Später dann hätte er sich irgendwelche asozialen Personen gesucht, die froh gewesen wären, etwas verdienen zu können. Für etwa 100,-- Mark holten ihm solche »Kumpels« dann die gestohlenen Sachen aus dem Versteck.*

*Irgendwie erwähnte der Lenz auch, dass er vor Jahren in das Büro der alten Markthalle am Alexanderplatz eingebrochen sei und Bargeld mitnahm.*

*Ferner wurde darauf hingewiesen, dass Lenz in der U-Haft in Perleberg einen »guten Kumpel« gefunden hätte. Mit diesem Mann hätte er angeblich einen Ausbruch geplant gehabt. Bei dem »Betrieb« in der Haftanstalt in Perleberg und bei den nicht sehr stabil gesicherten Fenstern wäre das möglich gewesen.*

*Am heutigen Tage wurde in Erfahrung gebracht, dass Lenz zur Zeit wenig Lust hätte, über seine Probleme zu reden. Seit der Vernehmung am Montag oder Dienstag dieser Woche wäre er nachdenklich. Man hätte ihm vorgehalten, ein Mädchen gefunden zu haben, mit der er zusammen war. Man wollte sich mit dem Mädchen unterhalten und dann Lenz in dieser Woche weitervernehmen. Die Tatsache, dass er bis zum heutigen Tage nicht zur Vernehmung geholt wurde, scheint ihn zu beunruhigen. Er ist nervös und grübelt herum.*

*Ohne konkreter zu werden, hatte er die Frage gestellt, ob sein Zellengefährte nicht draußen einen »sicheren«*

*Kumpel hätte, ob man nicht mit der Wäsche etwas mitgeben könne. Es scheint ihn ein ganz bestimmtes Problem zu bewegen, so wurde eingeschätzt.*

Die inoffizielle Quelle war also der »Zellengefährte«, der ein interessantes Psychogramm von Volker Lenz entworfen hatte. Aber konnten diese Erkenntnisse genutzt werden?

Am 19. September 1973 war es jedenfalls in Röntgental, wo sich die Erweiterte MUK/Sondergruppe aufhielt, nun Zeit, eine Bilanz der bisher erfolglosen Ermittlungen zu ziehen. Eine Information vom 19. September 1973 von Hauptmann der K Kraft klärt uns auf vier Seiten umfassend über den Stand der Dinge auf.

Danach wurden weder der Täter ermittelt noch die Waffe samt Munition gefunden – »trotz zielgerichteter und intensiv geführter Untersuchungstätigkeit«. Insgesamt überprüfte man 1.384 Personen, wovon 17 Personen, die in einer Anlage aufgeführt sind, noch nicht zweifelsfrei aus dem Kreis der Tatverdächtigen auszuschließen seien. Zu diesen Personen wurden alle objektiv gegebenen Untersuchungsmöglichkeiten ausgeschöpft, so dass weitere Ermittlungen nicht in Angriff genommen werden konnten. Die Namen und Daten dieser 17 Personen übergab man der Arbeitsrichtung I der K in die operative Bearbeitung zur Erlangung möglicher neuer Verdachtsmomente oder Anhaltspunkte für eine Täterschaft.

Auch die Sonderspur »Lenz« findet Erwähnung. Volker Lenz konnte die Täterschaft nicht nachgewiesen werden. Seitens der Hauptabteilung K, Referat 6, konnte nicht geklärt werden, inwieweit Lenz mit der in seinem Notizbuch vorgefundenen Notierung eines polizeilichen Kennzeichens des Einsatzfahrzeugs der BDVP Leipzig weiterhin noch in Zusammenhang mit der Mordsache zu bringen ist. Geklärt werden konnte lediglich, dass kein Mitarbeiter der BDVP Leipzig ihm das Kfz-Kennzeichen nannte.

Die Untersuchungen zum Einbruchdiebstahl in der HO-Verkaufsstelle der Akademie der Wissenschaften der DDR in der Tatnacht haben keine neuen Anhalte oder Hinweise erbracht. Auch alle anderen Untersuchungsrichtungen waren abgeschlossen worden.

Die neuen vorgeschlagenen Maßnahmen (unter anderem Überprüfung von 840 vorbestraften Personen) waren mehr der Versuch, durch Aktionismus die Vorgesetzten zu überzeugen, dass weiter intensiv, aber erfolglos ermittelt werden wird.

Die Einsatzgruppe der erweiterten MUK arbeitete ab dem 24. September 1973 nur noch in der Stärke 1/7, was heißt: ein Leiter und sieben Kriminalisten. Zusätzlich wirkten zeitweilig noch zwei Mitarbeiter des MdI, HA K, Referat 6, an der Aufklärung des Tötungsverbrechens mit.

Der Bericht schließt mit der Klage über ungeeignete räumliche Verhältnisse im Objekt in Röntgental, was die »besonderen ungünstigen klimatisch-räumlichen Verhältnisse« betrifft. Der Herbst war da, und der Winter kündigte sich an, und die Öfen waren laut Gutachten des zuständigen Bezirksschornsteinfegers nicht zu beheizen;

Hauptmann der K Kraft regte vorsichtig an, »durch Zurverfügungstellung anderer geeigneter Heizquellen« die Gesundheit der Einsatzkräfte nicht zu gefährden …

Nach zwei Jahren werden die volkspolizeilichen Ermittlungen eingestellt, die Untersuchungen des MfS in das operative Stadium überführt. Der Täter ist bis heute nicht ermittelt.

Diesen Kriminalfall aus kriminalistischer und rechtlicher Sicht zu beurteilen, fällt nicht leicht; es bleiben viele Fragen. »Nicht auf alle Fragen gibt es Antworten. Zumindest nicht gleich«, schreibt der isländische Schriftsteller Thorgeir Thorgeirsson in seinem Roman *Die Obrigkeit*. »Manche schließen daraus, dass es in der Welt mehr Fragen gebe als Antworten. Das ist falsch. Die Ereignisse geben immer Antworten, auch die, nach denen nicht gefragt wird. Zumindest nicht gleich.«

Wir wollen dennoch ein paar Antworten versuchen.

Es ist natürlich nicht klar, ob es überhaupt ein Mord war. Es könnte ja auch sein, dass der Fahrer des »Wolga« in der Nacht und bei schlechter Beleuchtung den Polizisten nicht gesehen und einen Unfall verursacht hatte, wodurch der angebliche Mord der Tatbestand Herbeiführung eines schweren Verkehrsunfalls (Paragraph 196 StGB der DDR) wird. Dann hatte er den Ort des Geschehens verlassen, aber es ist ja nicht bewiesen, dass der Unfallverursacher auch die Waffe plus Munition entwendete. Das könnte auch ein anderer Passant, der später vorbeikam, getan haben. Die Kriminalgeschichte kennt viele Beispiele, dass selbst bei Mordopfern mit schweren Verletzungen Diebstähle von Brieftaschen und so weiter durch Personen verübt worden sind, die später das Opfer fanden. Und es war auch für die DDR nichts Ungewöhnliches, wie der Fall Mario S. in Neubrandenburg zeigte, den wir in unserem Buch *Serienmorde in der DDR I* ausführlich behandelt haben. Hier stahl ein junger Mann, der das erste Opfer des Serienmörders am Ziegengehege in einer Buschgruppe versteckt fand, dem Opfer Geld, wodurch es beweiskräftig zur Übertragung von Blut- und Faserspuren gekommen war – die Grundlage für ein Fehlurteil und ein Justizirrtum.

Dann ist auch zu fragen, wer denn nun der Täter war. Das lässt sich aus den vielen Indizien, die wir in den Protokollen gefunden haben, natürlich nicht mit Sicherheit sagen. Starke Verdachtsmomente treffen Sigrid und Gerhard Polensky, aber auch Volker Lenz, sowohl hinsichtlich des Mordes, der Verursachung eines Verkehrsunfalls und der Entwendung von Waffe und Munition. Aber, so ist ja festgestellt worden, es könnte immer noch der große Unbekannte gewesen sein. Es spricht für die Strafrechtspflege der DDR, dass die damals Beschuldigten nicht angeklagt und verurteilt worden waren.

Volker Lenz war ein notorischer und geschickter Lügner und Kleinkrimineller, dem viel zuzutrauen war. Aber ein Mord? »Mir fehlt das Interesse an der Wahrheitsfindung«, sagte er in einer Vernehmung. Ein fundamentaler Satz, der seine Positionen zur Welt, zu sich selbst und zu seinen Handlungen sehr gut umschrieb.

So könnte es ja auch gewesen sein, dass er in der »Tatnacht« in die Villa des Professors einbrechen wollte, dann aber lieber in die HO-Verkaufsstelle des Klinikums Berlin-Buch einstieg. Später kann er sich dann noch öfter in Buch aufgehalten haben, um in die Villa nun endlich einsteigen zu können. Dabei hatte er dann das polizeiliche Kennzeichen des MUK-Fahrzeugs aus Leipzig notiert. Oder, oder, oder.

Der berühmte Kriminalautor Alfred Hitchcock hat mal gesagt, er wolle nicht, dass in seinen Krimis »die Wahrscheinlichkeit ihr gemeines Haupt erhebt«. Das wollen wir auch nicht.

Der wirkliche Täter, wer das auch sein mag, ist ohne Strafe davongekommen. Aber seine Tat und seine Geschichte werden ihn immer wieder eingeholt haben. Gestern, heute und morgen, wenn er denn noch am Leben sein sollte.

## Mordwaffe »Kalaschnikow«

### Leipzig. Donnerstag, 15. Januar 1981

Soldat Peter Paul vom Artillerieregiment 3 Leipzig der Nationalen Volksarmee (NVA) der DDR hatte vom 14. zum 15. Januar 1981 Wachdienst, denn auch mitten im kalten Winter, den es damals noch gab, musste das militärische Objekt beschützt werden. Am 14. Januar 1981 um 15 Uhr erfolgte seine Vergatterung durch den Wachvorgesetzten, um 21.30 Uhr bezog der Soldat, der seinen Grundwehrdienst leistete, seinen Postenbereich 4 am Ausbildungsgelände, das unmittelbar hinter der Kaserne lag und durch den Wiederitzscher Weg begrenzt war. Dieser Weg war als nichtöffentliche Straße gekennzeichnet.

Gegen 23.45 Uhr hörte der Wachposten mehrfach sonderbare Rufe, die er durchaus als eine willkommene Abwechslung der Wachmonotonie empfand. Eine männliche Stimme rief: »Gerhard, he Alter, bist du da?« Die Gegend war schlecht beleuchtet, der geheimnisvolle Rufer war deshalb noch nicht zu sehen.

Die Stimme kam immer näher. »Gerhard, he du, bist du hier? Gerhard, nun sag doch was!« Der Wachsoldat hörte Schritte auf sich zukommen; der Schnee knirschte wie in einem richtigen Winter.

Aufnahme der südöstlichen Begrenzung des Streifenpostenbereichs mit Schlagbaum und Wachhaus

Als der Wachposten den Rufer, der näher und näher kam, nun bei den schlechten Lichtverhältnissen erst in Umrissen und dann besser sah, rief er zurück: »Hier ist kein Gerhard.«

Daraufhin fragte der von der Stimme her durchaus sympathisch wirkende unbekannte junge Mann freundlich und zuvorkommend, ob er noch näher kommen dürfe, denn sein Bruder diene zurzeit im Artillerieregiment 3. »Ich habe wirklich gedacht, dass er jetzt Wache hat. Wie dumm von mir!«

Die dem Posten nicht bekannte Person war mittelgroß, circa 25 Jahre alt und trug eine dunkelblaue Steppjacke.

Entgegen der bestehenden Wachdienstvorschriften gab der Wachposten seine Zustimmung, dass der Fremde immer näher an ihn herantreten konnte. Dann ging der Zivilist bis zum Schlagbaum, an dem der Wachsoldat, natürlich auf der anderen Seite, die ganze Zeit gestanden hatte. Wo auch sonst.

»Das ist ja freundlich von dir, danke«, meinte der Unbekannte. »Mensch, wir sind ja sozusagen Kollegen. Ich habe hier auch gedient, eineinhalb Jahre, hier im Artillerieregiment 3. Genau hier. Von 1973 bis 1975. War schwierig, aber auch eine tolle Zeit. Man hat viele Leute kennengelernt. Das war ja nicht dumm.«

Peter Paul, der Soldat, nickte. So sah er die Ableistung seines Wehrdienstes auch.

Danach fragte der junge Mann den Wachsoldaten aus. »Sind die Unteroffiziere und Offiziere aus der damaligen Zeit noch da? Wer ist der Kommandeur? Immer noch der …? Ach, den Namen habe ich schon vergessen.«

Der Soldat beantwortete bereitwillig alle internen Fragen, denn sie waren doch Waffenbrüder der NVA im Geiste.

Der Unbekannte blickte um sich, schaute und schaute, so dass eine kleine Pause in diesem eigentlich munteren und vertrauensvollen Gespräch entstand. »Sag mal«, wollte er noch wissen, »ich sehe gar keinen zweiten Posten. Wird gar kein Doppelposten mehr gelaufen? Wie früher, zu meiner Zeit? Zu meiner Zeit doch immer. Kann ich dir sagen. So war das.«

Die Antwort kam schnell und war letzten Endes verhängnisvoll. »Nein, ich bin allein hier auf dem Posten.«

Der Unbekannte schüttelte den Kopf. »Das ist ja ein Ding. Kann ich mir gar nicht vorstellen.«

»Doch, ich bin allein hier.«

Jetzt ging alles sehr schnell. Der Fremde schlug dem Wachsoldaten mit großer Wucht ins Gesicht, so dass jener hinfiel. Noch im Fallen griff der Unbekannte blitzschnell und professionell zu und brachte die Maschinenpistole mit Magazin und 30 Schuss an sich, noch bevor der Wachsoldat auf dem Boden unsanft landete. Derart überrascht, lag der Soldat wie unter Schock mit dem Rücken auf der Erde, zumal der Unbekannte, mit dieser »Kalaschnikow« voll vertraut, sofort auf Einzelschuss umstellte und die Waffe auf den Soldaten richtete. »Wenn dir dein Leben etwas wert ist, gib das zweite Magazin her. Sofort!«

Peter Paul kam dieser Aufforderung umgehend nach und übergab das zweite Magazin – mit ebenfalls 30 Schuss Munition.

»Du bleibst jetzt zehn Minuten hier liegen, wenn du weiterleben willst. Ich habe alles unter Kontrolle. Hier gibt es noch eine zweite Person, die sofort auf dich schießen wird, wenn du Alarm schlagen solltest. Hast du das verstanden? Leg dich jetzt auf den Bauch und sei ganz still! Hast du Familie?«

Der am Erdboden liegende Peter Paul nickte und befolgte alle Anweisungen, danach entfernte sich der Räuber zügig, ohne zu laufen. Der Wachsoldat, dem sein Leben lieb war, blieb zehn Minuten auf dem Boden liegen. Danach eilte er zur Wache in die Kaserne und meldete gegen 0.15 Uhr dem Wachvorgesetzten das besondere Vorkommnis. Eine MPi mit 60 Schuss Munition war außer Kontrolle geraten!

Der Täter flüchtete anschließend unter Mitnahme

der Waffe und der Munition vom Ereignisort entlang des Wiederitzscher Weges in Richtung Max-Liebermann-Straße. Dann begab er sich auf der Radefelder Straße bis zur Nummer 28. Ungefähr um 0.05 Uhr klingelte er bei Familie Wintermann, die im Erdgeschoss wohnte und der Uhrzeit gemäß tief im Schlaf versunken war. Im Haus wohnten sechs Mietparteien.

Ingeborg Wintermann zog sich einen Bademantel über, verließ die Wohnung und öffnete die Haustür, da sie ihren Sohn erwartete. Im Schein der Straßenlaterne, die gleich links am Hauseingang leuchtete, erkannte sie einen ihr unbekannten jungen Mann. Sie wollte die Tür gleich wieder schließen, aber der Fremde stellte blitzschnell einen Fuß zwischen die Tür. Und richtete eine Waffe auf sie!

Übersichtsaufnahme der Radefelder Straße aus Richtung Max-Liebermann-Straße. Der Pfeil zeigt auf den Hauseingang Radefelder Straße 28.

Dann geschah das Ungeheuerliche, wie es Ingeborg Wintermann nur in Filmen und Berichten aus dem Westen gesehen hatte und sich niemals vorstellen konnte, dass das auch im friedlichen Leipzig-Wahren passiert. Der Fremde mit der Waffe im Anschlag und mit dem Finger am Abzug drängte sie bis zum Parterrepodest nach oben und verlangte die sofortige Bereitstellung eines Personenkraftwagens. Frau Wintermann erklärte mehrfach, dass sie gar kein Auto besitze. Sie konnte ihre Sätze kaum richtig formulieren; die große Angst setzte ihr Grenzen.

Der Unbekannte drängte sie zunächst durch die offenstehende Wohnungstür in den Flur. Mit vorgehaltener Waffe forderte er sie auf, sich eine Etage höher zu begeben und dort bei einem anderen Mieter zu klingeln. Als Frau Wintermann kleinlaut sagte, dass die Mieter oben auch kein Auto haben, erklärte er: »Dann werden Sie eine ganz unruhige Nacht haben, das verspreche ich.« Ingeborg Wintermann war kreidebleich geworden. Ein Zittern lief sichtbar über Nasenflügel, Backenknochen und Schläfen.

Der junge Mann ging auf den Hausflur und fuchtelte auf dem Treppenabsatz stehend mit dem Finger am Abzug mit der MPi herum, so dass sich direkt neben der späteren Zeugin ein Schuss löste. In panischer Angst ging Frau Wintermann daraufhin in die höher gelegene Etage. Als sie vor der Tür von Herrn Weise stand, öffnete dieser, geweckt durch die Geräusche im Haus, das kleine Türfenster, so dass sie gar nicht läuten brauchte. Der Unbekannte richtete sofort durch das kleine Fenster die MPi auf Herrn Weise. »Ich brauche sofort ein Auto, weil ich nach Schkeuditz will. Zum Flughafen! Unbedingt! Sofort!«

Aber auch Herr Weise hatte kein Auto, was er dem Unbekannten mitteilte, sofort das Türfenster schloss und in das Wohnzimmer flüchtete. Und auch Frau Wintermann gelangte unversehrt in ihre Wohnung.

Hauseingangsbereich und Treppe zum Parterrepodest mit den Spuren 1 bis 5 in der Übersicht. Spur 1 – Ausplatzung an der Vorderkante der obersten Treppenstufe, Spur 2 – Ausplatzung auf der Stufe darunter, Spur 3 – Ausplatzung an den Wandkacheln, Spur 4 – runde Beschädigung mit sternförmigen Ausplatzungen der Glasscheibe an der Hauseingangstür oben links, Spur 5 – unterschiedlich große Glasscherben und Splitter auf der äußeren Türschwelle der Hauseingangstür

Die Patronenhülse M 43 (Spur 6) wurde übrigens von Ingeborg Wintermann auf dem Parterrepodest gefunden und im Rahmen einer Zeugenvernehmung am gleichen Tag an die Kriminalisten übergeben.

Ausgeschossene
Patronenhülse M 43

Der junge Mann verließ eilig das Haus und begab sich zum nächsten Hauseingang in der Radefelder Straße, er läutete bei mehreren Bewohnern. Er hatte dazugelernt, denn nun sicherte er die MPi, damit sich nicht wieder ein Schuss lösen konnte. Das hätte ein Beobachter des Geschehens wohl schließen müssen.

Frank Schneider, 50 Jahre alt, öffnete auf das Klingeln hin das Wohnzimmerfenster zur Straße und erblickte eine ihm fremde Person, die aufgebracht von einem Autounfall sprach. »Können Sie mir die Haustür öffnen? Ich brauche dringend Hilfe!«

Kaum war die Tür geöffnet, drang der Fremde mit vorgehaltener Waffe in das Haus. Es entwickelte sich eine tätliche Auseinandersetzung, denn Frank Schneider, körperlich fit, leistete Widerstand und wollte die Waffe an sich reißen. Es gab ein wildes Gerangel, in dessen Verlauf Frank Schneider eine Verletzung im Gesicht beigebracht wurde. Die Waffe ging dabei zu Boden.

Dem Unbekannten gelang es jedoch, die Waffe wieder in seinen Besitz zu bringen, aber der Kampf war noch nicht zu Ende. Frank Schneider fiel hin und stürzte die Kellertreppe hinunter. Dabei erlitt er, wie später durch einen Arzt festgestellt wurde, schwere Prellungen am Gesäß und am Schultergelenk.

Der junge Mann erkannte die Sinnlosigkeit seines Vorgehens und ergriff nun endgültig die Flucht. Als er sich in Richtung der am Ende der Radefelder Straße befindlichen Garagen bewegte, hörte er eine Frauenstimme, die »Hilfe!« aus einem Fenster rief. Er entsicherte die MPi, brachte den Sicherungshebel in Stellung »Dauerfeuer« und gab wohl zur Abschreckung der Anwohner der Radefelder Straße, die er bedroht hatte, in Richtung Max-Liebermann-Straße einen Feuerstoß ab. Danach entfernte er sich auf die Yorkstraße zu.

Im Bereich des Wohngebiets Richard-Sorge-Straße (heute Diderotstraße)/Yorckstraße konnte er sich kurz in einem Gebüsch verstecken und eine Atempause einlegen. Dann lief er weiter, vorbei an der Ambulanz an der Ecke Yorckstraße und Slevogtstraße, er lief in Höhe des Fußgängerübergangs über die Slevogtstraße.

Gegen 0.20 Uhr bemerkte er plötzlich einen Funkstreifenwagen (FStW) der VP vom Typ Lada 2103, der in Richtung Slevogtstraße fuhr. Er richtete sofort seine MPi auf den FStW und schoss aus der Hüfte so lange, bis sich keine Munition mehr im Magazin befand und der Streifenwagen nicht mehr zu sehen war. (Dabei wurde der Funkstreifenwagenführer tödlich und der Kraftfahrer durch zwei Schüsse am Bein verletzt. Das wusste allerdings der Schütze noch nicht ...) Man hörte, wie die Projektile in der Umgebung Fensterscheiben durchschlugen, an Hauswänden und metallenen Gegenständen abprallten. Es war wie im Krieg.

Für einen kurzen Moment trat eine verräterische Ruhe ein. Der bewaffnete junge Mann flüchtete bis zur Straßenbahnhaltestelle in die Georg-Schumann-Straße/Ecke Annaberger Straße. Während der Flucht warf er das in der MPi befindliche leere Magazin weg. Dann führte er das mit Munition gefüllte zweite Magazin in die Waffe und lud sie wieder durch. Es drohte neue Gefahr, denn die Maschinenpistole war nun wieder entsichert und auf Dauerfeuer eingestellt!

An der Straßenbahnhaltestelle standen eine Frau und ein Mann, die der Schütze sogleich bemerkte. Aus Angst vor Entdeckung lief er durch eine Durchfahrt des Grundstücks Georg-Schumann-Straße 305. Er gelangte zu einem weiten Hof, auf dem am Ende Garagen standen. Aber auf dem Hof, der zwischen zwei Altbauten lag, fand er kein Versteck, so dass er sich kurzentschlossen hinter einem Torpfeiler verkroch. Er sah elend aus, so, als wenn er grübelte, was nun in dieser verfahrenen Situation zu tun sei. Ungefähr 20 Minuten versteckte er sich und rauchte zur Beruhigung eine Zigarette, bis er bemerkte, dass von diesen beiden Personen keinerlei Gefahr ausging. Er schien irgendwie kopflos, denn er lud nun die Maschinenpistole noch einmal durch, obwohl sich ja bereits eine Patrone im Patronenlager befinden musste. Diese fiel aus dem Lager auf den Erdboden; er hob sie auf und steckte sie in die Jackentasche.

Aufnahme aus der Toreinfahrt des Grundstücks Georg-Schumann-Straße 305. Links und rechts die Torpfeiler. In der Bildmitte ist das Schild der stadtauswärtigen Straßenbahnhaltestelle »Annaberger Straße« zu erkennen. Der Pfeil zeigt auf den Eingang des Grundstücks 280 a, b und c. Dort fand man später eine Patrone der MPi.

Als sich die Lage beruhigt hatte, trat er aus der Tordurchfahrt in die Georg-Schumann-Straße. Auf der gegenüberliegenden Seite, ungefähr 15 Meter entfernt, stand wie ein Denkmal das Haltestellenschild der Straßenbahn – so kam es ihm jedenfalls in diesem Augenblick vor. Er stellte die MPi an einen Baum, wo man sie später fand. Auch die Patrone aus seiner Jackentasche warf er in ein Gebüsch.

Nahaufnahme zur Auffindung der Maschinenpistole, an einem Baum vor dem Grundstück Nummer 303 der Georg-Schumann-Straße in 7026 Leipzig

Er stieg in die erste Straßenbahn der Linie 29 ein und wusste nicht, ob sie ins Zentrum fuhr, wo er ja hinwollte. Aber die Bahn nahm genau die entgegengesetzte Richtung. Links und rechts der Strecke gab es bald keine Häuser mehr, aber er entschloss sich, erst einmal bis zur Endhaltestelle zu fahren und dann zu überlegen, was weiter zu tun sei. So stieg er an der Endhaltestelle aus, und das war Schkeuditz, die sächsische Stadt nordwestlich von Leipzig. Hier erkundigte er sich bei einem jungen Mann nach dem Weg nach Leipzig. »Lauf einfach in meine Richtung«, sagte jener. »Immer hinterher. Dann siehst du schon, wie es nach Leipzig geht.«

Das tat der Flüchtige dann auch und kam nach kurzer Zeit am *Ratskeller* in Schkeuditz an. Aber schon wieder drohte Gefahr. Der vor ihm laufende junge Mann ging geradewegs auf zwei Volkspolizisten zu, die seinen Ausweis kontrollierten. »Lauf einfach hinterher!«, hatte der ja gesagt, so ging auch der eigentlich schon Gesuchte direkt auf die Schutzpolizisten zu. Aber zu diesem Zeitpunkt waren die Polizisten wohl von der Fahndung noch nicht informiert worden. Sie ließen sich den Personalausweis zeigen und hatten keine Beanstandungen.

»Sagen Sie mal bitte, wie komme ich denn jetzt am besten nach Leipzig? Ich bin versehentlich in die falsche Straßenbahn gestiegen. War wohl etwas vernebelt im Kopf. Also mit einem Taxi?«

»Um diese Uhrzeit fährt hier kein Taxi mehr. Besser zu Fuß«, war die eindeutige Antwort der Polizisten, die über diese Frage etwas verwundert waren.

So lief er weiter dem jungen Mann hinterher, der

nun schon einen kleinen Vorsprung hatte. Immer auf der Fernverkehrsstraße 6 von Schkeuditz nach Leipzig. Dann bemerkte er einen Wegweiser, auf dem er im Schein eines vorbeifahrenden Autos »Leipzig 12 km« lesen konnte. Er lief und lief, vielleicht fünf Kilometer, und war noch immer nicht am Ziel. Ein Taxi kam ihm aus Richtung Leipzig entgegen. Er winkte, aber ohne Erfolg. Das Auto fuhr weiter nach Schkeuditz. Aber es kehrte zurück, und jetzt hielt das Taxi gegen 1.25 Uhr an. Er stieg ein und fuhr bis zum Wahrener Rathaus in Leipzig.

Als er gerade aussteigen wollte, öffnete sich die Tür wie von selbst. Es empfingen ihn zwei freundliche Schutzpolizisten. »Den Personalausweis bitte!« Die Besatzung des Funkstreifenwagens »Löwe 203«, die dem Verdächtigen auf dem Weg von Lützschena nach Leipzig gefolgt war, kontrollierte seinen Ausweis. »Bitte steigen Sie aus dem Wagen aus.«

Der junge Mann folgte dieser Aufforderung ohne jeglichen Widerstand.

So oder vielleicht ein wenig anders hätte ein Kriminalschriftsteller einen mehr oder weniger ausgedachten Fall aufgeschrieben, und die Frage ist, ob sich wirklich alles so ereignet hat. Was die vorläufige Festnahme betrifft, so können wir in den späteren Polizeiberichten lesen, dass der junge Mann aufgrund des nun bekannten Sachverhalts und der Personenbeschreibung als verdächtige Person an der Kreuzung Georg-Schumann-Straße/Ecke Linkelstraße nahe der Kaufhalle am Rathaus Leipzig-Wahren gegen 2.35 Uhr durch die Funkstreifenwagenbesatzung vorläufig festgenommen werden konnte. Anschließend wurde er in den Führungspunkt in die Georg-Schumann-Straße (ABV-Zimmer) gebracht. Von dort überstellte man ihn der Abteilung IX der Bezirksverwaltung des MfS Leipzig, deren Kriminalisten sich nach Bekanntwerden des Raubes der MPi und des Mordes an dem Volkspolizisten im Objekt der Hauptabteilung I/Abteilung Militärbezirk III des MfS aufhielten.

Nach erfolgter Vernehmung durch die Abteilung IX und Gegenüberstellung mit dem Wachposten Peter Paul gestand der zugeführte Helmut Cornelius seine Verbrechen. Er war 1955 in Neumünster geboren, arbeitete als Anlagenfahrer im VEB Zuckerfabrik Markranstädt und wohnte in 7060 Leipzig.

Noch am 15. Januar 1981 wurde gegen ihn ein Ermittlungsverfahren eingeleitet, einen Tag später der Haftbefehl des Kreisgerichts Leipzig erlassen. Helmut Cornelius wurde in die Untersuchungshaftanstalt des MfS in Leipzig eingeliefert. Dort unterzog man ihn einer körperlichen Kontrolle gemäß Paragraph 108 Absatz 2 StPO.

In der Wochenendausgabe der *Leipziger Volkszeitung* vom 17./18. Januar 1981 wurde die Bevölkerung über die Aufklärung des Tötungsverbrechens informiert.

**Tötungsverbrechen wurde aufgeklärt**

**Leipzig** (LVZ). In der Nacht vom 14. zum 15. 1. 1981 wurde in Leipzig-Möckern ein vorsätzliches Tötungsverbrechen verübt. Mit aktiver Unterstützung der Bevölkerung gelang es, dieses schwere Verbrechen kurzfristig aufzuklären und den aus Leipzig stammenden Täter festzunehmen. Ein Ermittlungsverfahren wurde eingeleitet und Haftbefehl erlassen.

Die Deutsche Volkspolizei spricht allen Bürgern, die an der schnellen Aufklärung durch Hilfe und Hinweise mitwirkten, den Dank aus.

*Leipziger Volkszeitung* vom 17./18. Januar 1981

Die Dokumentation dieses komplexen Verbrechens gestaltete sich gut organisiert und planmäßig und war uns eine große Hilfe. Alle Orte und Zeiten waren bekannt, der Täter war gefasst worden. Die Kriminalisten in Leipzig handelten fachlich fundiert, korrekt und zügig und konnten so zu einer umfangreichen, gründlichen und lückenlosen Beweissicherung und -führung beitragen. Obwohl von Anfang an ein Geständnis von Helmut Cornelius vorlag, wurde akribisch und verantwortungsvoll gearbeitet. Ein Herangehen, das wohl heute nicht immer selbstverständlich ist.

Es gab, wie wir bereits wissen, drei Tatorte: Der Postenbereich 4 der NVA-Dienststelle Leipzig am Wiederitzscher Weg, die Radefelder Straße mit den Hausnummern 28 und 30 und die Hans-Beimler-Straße, wo auf den Funkstreifenwagen und in die Umgebung geschossen worden war. Dann existierten zwei Fundorte: Vor dem Haus Yorckstraße 23 wurden der Funkwagen und die Leiche des ermordeten Meisters der VP Gergaut aufgefunden, vor dem Grundstück Georg-Schumann-Straße 303 stand die Maschinenpistole an einen Baum gelehnt. Dazu kam noch der Festnahmeort des Beschuldigten Cornelius nahe der Kaufhalle am Rathaus Leipzig-Wahren.

Wir beginnen, was die Protokolle, Gutachten und Ermittlungsergebnisse betrifft, mit dem Auffindeort der Leiche des Opfers und des FStW vor dem Grundstück Yorckstraße 23. Über die Sicherstellung des beschossenen FStW gibt es ein Protokoll; die Originalschreibweisen haben wir beibehalten:

*BV für Staatssicherheit* *Leipzig, 15.1.1981*
*Untersuchungsabteilung*

*P r o t o k o l l*
*über die Sicherstellung eines Kraftfahrzeuges*

*1. Am 15.1.1981 wurde der Funkstreifenwagen »Löwe 222«, Typ »Lada 2103«, polizeiliches Kennzeichen VP-13–1039, im Kreuzungsbereich 7022 Leipzig, Slevogt-, Yorck-, Hans-Beimler-Straße von einer unbekannten Person beschossen.*
*Der Fahrer des Funkstreifenwagens, Hwm. d. VP Hartwig, fuhr das Fahrzeug vom Tatort weg 580 m in östliche Richtung bis zum Grundstück Yorckstraße 23, wo es auf der südlichen Fahrbahn abgestellt vorgefunden wird.*

*Außerhalb des Fahrzeuges liegt auf dem Gehweg schräg zum Fahrzeug die Leiche des Mstr. d. VP GERGAUT. (Bild 1)*

*2. Die Besichtigung des Abstellortes des Kfz. beginnt am 15.1.1981, um 02.10 Uhr. Der Ort ist durch Kräfte der VP gesichert und unverändert.*

*<u>2.1. Beschreibung des Fahrzeuges</u>*
*Das Fahrzeug steht mit der hinteren Fahrzeugbegrenzung 0,5 m östlich der Hauseingangstür 7022 Leipzig, Yorckstrasse 23, 0,4 m vom Gehweg entfernt. Die Zündung ist eingeschaltet. Die Fahrzeugbeleuchtung ist ausgeschaltet. Die Türen sind geschlossen und bis auf die rechte hintere Tür entriegelt. Das Funkgerät wird am 15.1.1981 bei anliegendem Signal um 02.20 Uhr abgeschaltet. Es ist kein Gang am Fahrzeug eingelegt, die Handbremse ist angezogen.*
*Im Fahrzeug sind vor allem auf der Bodenmatte am Fahrersitz großflächige Blutansammlungen (Bild 2). Es werden folgende Beschädigungen festgestellt:*
*- zwei Defekte in der Frontscheibe; (Bild 3)*
*- ein zertrümmertes Glas des rechten inneren Scheinwerfers;*
*- zwei Defekte an der vorderen Stoßstange, in Fahrtrichtung gesehen links; (Bild 4)*
*- Zertrümmerung der beiden großen Scheiben der linken Türen; (Bild 5)*
*- 6 Materialdefekte im Blech der Karosserie an der linken Fahrzeugseite, in der Kofferraumklappe und unter-*

*halb des linken hinteren Bogens der Stoßstange; (Bilder 5 und 6)*
*- eine weitere Beschädigung liegt im Kotflügel vorn, rechts, nahe des rechten Vorderrades. (Bild 7)*

*2.2. Zur Auffindung der Leiche*
*Rechts des Fahrzeuges liegt auf dem Gehweg mit den Füßen zur Fahrbahn über die Bordsteinkante ragend eine mit VP-Uniform bekleidete männliche Person in leblosem Zustand.*
*Durch Obltn. der VP NAUMANN, VP-Revier Leipzig-Nord, wird die Person als Mstr. d. VP GERGAUT, Gerhard, geb. (...) 1949 identifiziert.*
*Es wird ein Totenschein auf den Namen GERGAUT vorgelegt. Als Todesursache ist erschießen vermerkt.*
*Die Leiche hat im Bereich der linken Schulter eine Verletzung. Eine weitere Hautzusammenhangstrennung befindet sich am Hals unter dem linken Ohr.*
*Im Stiefel links außen des linken Beines der Leiche ist ein 0,5 mm großes rundes Loch festzustellen.*
*Blutabrinnspuren verlaufen von der Halswunde und aus dem rechten Ohr nach unten, unregelmäßige Blutabrinn- und -schmierspuren im Gesicht. Die Zunge ist zwischen den Zähnen eingeklemmt. Die Augen sind geschlossen. Totenstarre im Unterkieferbereich in der Ausbildung begriffen.*

*3. Mit dieser Besichtigung und übersichtlicher fotografischer Darstellung wird die Arbeit am Fundort von Leiche und Kraftfahrzeug abgeschlossen.*

*Die Leiche gelangt zum Zwecke der gerichtsmedizinischen Untersuchung zum Institut für Gerichtliche Medizin und Kriminalistik der KMU Leipzig.*
*Das Fahrzeug wird mittels Kfz.-Transportwagen in einer Garage bis zur weiteren Untersuchung sichergestellt.*

*Wilk*
*Hauptmann*

Blick aus östlicher Richtung auf den Ort der Auffindung von Fahrzeug und Leiche vor dem Grundstück Yorckstraße 23

Die Bodenmatte der Fahrerseite ist massiv blutverschmutzt.

Aus einem »Protokoll über die Untersuchung eines Kraftfahrzeuges vom 21. Januar 1981« der BV Leipzig, Untersuchungsabteilung, geht hervor, dass das sichergestellte Fahrzeug begutachtet wurde. Die Kriminalisten erkannten wenigstens 14 Defekte, von denen man zwei Beschädigungen als Austrittsstellen eines Geschosses identifizierte. Nach erfolgter Vermessung und Spurensicherung legte man sich auf drei Schusskanäle im Fahrzeug fest. Der Sachverständige für gerichtliche Medizin, Dr. med. Du Chesne, der die Leiche des Opfers obduzierte, nahm an der Fahrzeuguntersuchung teil. Die Verletzung der linken Schulter, die tödlich war, ließ sich nach Auffassung des Gerichtsmediziners dem Verlauf einer Sonde zur Bestimmung des Schussverlaufs zuordnen, die vom Fenster links hinten zur Beschädigung geführt wurde – wie die beiden folgenden Aufnahmen zeigen:

Ansicht von vorn und von links auf Teile des Fahrzeugs mit eingesetzter Gliederpuppe auf dem Beifahrersitz und daran sowie an den Defekten des Fahrzeugs angelegten Sonden

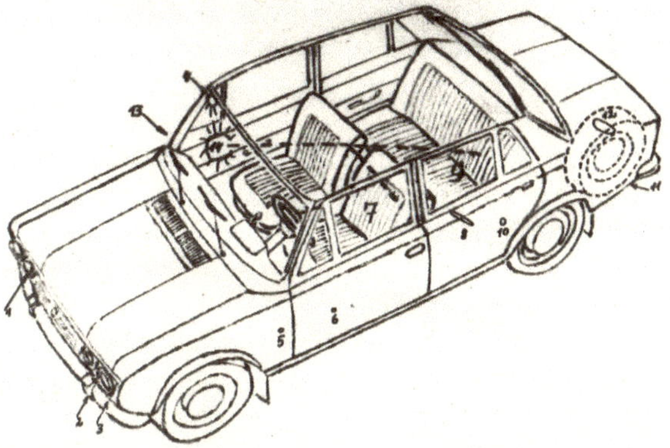

Schematische Darstellung der am FStW getroffenen Stellen und der Schusskanal- beziehungsweise Schussbahnverläufe

Der Totenschein, dies wäre nachzutragen, war am 15. Januar um 14.15 Uhr ausgestellt worden, die Leichenschau führte Dr. med. Lindner bereits kurz nach Auffinden des Opfers durch. Todesursache: Verletzung der Halsgefäße und ein Schädel-Hirn-Trauma. Im Ergebnis der Autopsie wurden diese Angaben auch auf dem Totenschein präzisiert: Zerreißung des verlängerten Marks, Wirbelsäulenfraktur, Hirnkontusion und Schädelbasisbruch.

In einem vorläufigen Gutachten des Instituts für Gerichtliche Medizin und Kriminalistik der KMU Leipzig gaben Prof. Dr. sc. med. Göhler (1. Obduzent) und Dr. med. Du Chesne (2. Obduzent) als Todesursache einen Abriss des verlängerten Marks an. »G. hat seine tödlichen Verletzungen durch einen Schuss in die linke Halsseite erlitten. Der Schusskanal steigt nach rechts etwas an, weicht kaum von der Frontalebene ab.

Nahschusszeichen sind nicht erkennbar. Ein weiterer Schuss, von links hinten nach rechts vorn gerichtet, hat den G. in der Schulterregion gestreift, jedoch keine schweren Verletzungen verursacht. Eine Beurteilung der Richtung des Steckschusses am linken Unterschenkel ist nicht möglich. Das im linken Stiefel steckende Geschoss dürfte vor Eindringen in den linken Unterschenkel aus der ursprünglichen Schussrichtung abgelenkt worden sein (Eindringen mit der Rückseite des Geschosses in die Weichteile). Der Tod des G. muss aufgrund der Verletzungen des Halsmarks unmittelbar nach dem Schuss eingetreten sein.«

In dem Leichenöffnungsbefund derselben Obduzenten vom nachfolgenden Tag wurden diese Aussagen bestätigt. Todesursache: »Zerreißung des verlängerten Marks. (…) Der Tod des G. trat infolge der Schussverletzungen ein. Davon unabhängige Krankheiten oder krankhafte Organveränderungen, die von sich aus zu diesem Zeitpunkt den Tod hätten herbeiführen können, wurden bei der Sektion nicht festgestellt.«

Der verletzte Fahrer des Funkstreifenwagens Lutz Hartwig, Hauptwachtmeister der VP, wurde von Oberstleutnant der K (!) Pinkau im Bezirkskrankenhaus St. Georg aufgesucht und zum Hergang des Ereignisses kurz befragt. Laut Protokoll des leitenden Kriminalisten vom 15. Januar 1981 schilderte Lutz Hartwig, dass die Besatzung des FStW gegen 0.20 Uhr die Kaufhalle Slevogtstraße/Untere Blücherstraße hinsichtlich der Verschlusssicherheit überprüfte und danach in der Unteren Blücherstraße nach Richtung Osten fuhr. Kurz vor der Slevogtstraße bemerkte er auf der linken Seite das Aufflackern eines Mündungsfeuers einer automatischen Waffe. Er schaute in diese Richtung und sah eine Gestalt mit einer dunklen Bekleidung, eventuell mit einer Pelzmütze. Eine weitere präzisierende Personenbeschreibung konnte er aber wegen der Sichtverhältnisse nicht geben. Er verspürte Geschosseinschläge im Wagen, gab Gas und fuhr über die Slevogtstraße weiter in Richtung Obere Blücherstraße. In der weiteren Folge wurde der FStW von mehreren Schüssen getroffen. Sein Streifenführer Gerhard Gergaut rutschte seitwärts, und die Zündung blieb weg. Hartwig hatte zuvor Blaulicht und Signalsirene eingeschaltet.

Das Polizeiauto blieb stehen. Erst danach stellte er bei sich Verletzungen an den Unterschenkeln fest und humpelte zur Wohnung eines ihm bekannten VP-Helfers. Anschließend heißt es im Protokoll: »Genosse Hartwig befand sich noch im Stadium der ersten Wundversorgung und war den Umständen entsprechend lebhaft, er konnte alle Zusammenhänge darlegen sowie eine Skizze vom Ereignisort anfertigen. Er schätzt ein, dass das Zusammentreffen mit der unbekannten Person und das Beschießen des FStW in keinem Zusammenhang mit vorherigen Tätigkeiten der FStW-Besatzung gestanden hat.«

In weiteren Dokumenten gab es umfangreiche Aussagen zum Spurenmaterial.

Das »Ereignisortuntersuchungsprotokoll zum Terror, Mord und unbefugtem Waffenbesitz am 15.1.1981«

der Abteilung Kriminalpolizei der BDVP Leipzig vom 16. Januar 1981 (Tatort 3) soll deshalb komplett abgedruckt werden; die Originalschreibweise haben wir wiederum beibehalten:

*BDVP Leipzig* | *Leipzig, 15. Januar 1981*
*Abt. Kriminalpolizei* | *we*

*Ereignisortuntersuchungsprotokoll*
*zum Terror, Mord und unbefugtem Waffenbesitz am 15.1.1981*

*1. Sachverhalt*
*In der Nacht vom 14. zum 15.1.1981 entwendete eine zunächst unbekannte männliche Person in einem Postenbereich der NVA-Dienststelle Leipzig eine Maschinenpistole (MPi) »Kalaschnikow« und flüchtete. Im Bereich der Kreuzung Slevogt-/Yorck-/Hans-Beimler-Straße in 7022 Leipzig gab die unbekannte Person auf einen in der Hans-Beimler-Straße fahrenden Funkstreifenwagen (FStW) der Deutschen Volkspolizei eine Vielzahl von Schüssen aus der MPi ab, um sich der vermuteten Festnahme zu entziehen. Dabei wurden ein VP-Angehöriger getötet und ein zweiter schwer verletzt. Die Fahndung nach dem Täter wurde ausgelöst.*

*2. Meldung und Veranlasstes*
*Am Donnerstag, dem 15.1.1981, wurde um 1.30 Uhr die Morduntersuchungskommission der BDVP Leipzig vom Diensthabenden der Kriminalpolizei der BDVP*

*Leipzig vom oben genannten Sachverhalt in Kenntnis gesetzt. Der Ereignisort wurde mittels Dienstfahrzeug durch*

*Hauptmann der K Huber*

*und*

*Oberleutnant der K KRETSCHMANN*

*aufgesucht und um 2.30 Uhr erreicht. Der Ereignisort ist durch Kräfte der Schutzpolizei gesichert. Die Ereignisortbefundsaufnahme beginnt am 15.1.1981 um 2.30 Uhr im Zusammenwirken mit einer Untersuchungsgruppe der Untersuchungsabteilung der Bezirksverwaltung für Staatssicherheit Leipzig.*

*3. Allgemeine Lage des Ereignisortes*

*Der Ereignisort befindet sich am Stadtrand von Leipzig im Stadtbezirk Nord. Es handelt sich um den Bezirk 7022 Leipzig, Hans-Beimler-Straße und das unmittelbar angrenzende Gebiet der Straßenkreuzung Yorck- und Slevogtstraße.*

*4. Wege zum Ereignisort*

*Der Ereignisort ist im genannten Bereich zu Fuß von allen Seiten und mit einem Fahrzeug über das öffentliche Straßennetz zu jeder Zeit und aus jeder Richtung erreichbar.*

*5. Witterung*

*Zum Zeitpunkt der Ereignisortbefundsaufnahme in der*

*Nacht herrscht bedeckter Himmel vor. Der Erdboden und zum Teil die Straßen und Wege sind mit Schnee bedeckt. Die Temperatur beträgt nachts -3 °C bis -4 °C. Am Tag setzt infolge Sonneneinstrahlung Tauwetter ein, und die Temperaturen liegen etwas über 0 °C.*

*6. Der engere Ereignisort*
*Im oben genannten Kreuzungsbereich verläuft die Slevogtstraße, aus südwestlicher Richtung kommend, stadtauswärts in nordöstliche Richtung. Die Hans-Beimler-Straße beginnt im Kreuzungsbereich und verläuft in nordwestlicher Richtung stadtauswärts. Dieser Einmündung gegenüber nimmt die östlich stadteinwärts führende Yorckstraße ihren Anfang. Etwa 90 m stadteinwärts mündet auf der rechten Seite der Yorckstraße die in Richtung Georg-Schumann-Straße führende Christian-Ferkel-Straße ein.*
*Die folgende Beschreibung des Ereignisortbereiches erfolgt von dieser letztgenannten Einmündung beginnend in Richtung Hans-Beimler-Straße.*
*Links der Christian-Ferkel-Straße, in Richtung Georg-Schumann-Straße gesehen, steht ein fünfgeschossiger Neubaublock mit den Hausnummern 22, 20 ff. beziffert. Im rechten Winkel zu diesem Haus steht gegenüber dem Hauseingang Christian-Ferkel-Str. 20 und im spitzen Winkel zur Yorckstraße ein gleichartiger Wohnblock (Yorckstraße 55, 57, 59, 61). Zwischen den Hauseingängen Nr. 59 und 61 ist auf der Yorckstraße in stadteinwärtiger Richtung ein Pkw »Trabant«, Typ 601, polizeiliches Kennzeichen UP 02-72, abgeparkt.*

*Die Giebelwand des Wohnblockes befindet sich annähernd im Kreuzungsbereich Yorck-/Slevogtstraße. Unmittelbar im rechten Winkel zu dieser Giebelwand steht in Richtung Georg-Schumann-Straße ein weiterer gleichartiger Neubaublock (Yorckstraße 63, 65, 67, 69, 70). Der rechte Bereich der Yorckstraße zwischen Christian-Ferkel-Straße und Slevogtstraße ist nicht bebaut. In dem von der Yorckstraße nach rechts stadtauswärts führenden Bereich der Slevogtstraße ist ein Fußgängerüberweg vorhanden, der zu beiden Seiten mit dem entsprechenden Vorschriftszeichen (Bild 245 StVO, Anlage 2) gekennzeichnet ist. Die Slevogtstraße ist Hauptstraße, die Yorck- und Hans-Beimler-Straße sind Nebenstraßen. Die Kennzeichnung mit Verkehrszeichen ist entsprechend. Gegenüber der Einmündung Yorckstraße in die Slevogtstraße beginnt die Hans-Beimler-Straße, die einschließlich der Gehwege auf beiden Seiten 15 m breit ist. Die direkte Fahrbahn misst 8,6 m. Rechts der Hans-Beimler-Straße, beginnend von der Slevogtstraße bis zu einem 35 m vom Kreuzungsbereich entfernt stehenden Garagenkomplex, ist eine 28 m breite, mit einer geschlossenen verharrschten Schneedecke bedeckte Grünfläche vorhanden (Bd. 1).*

*Die 3 m breite Einfahrt zu dem Garagenkomplex befindet sich 37 m vom Kreuzungsbereich auf der rechten Seite der Hans-Beimler-Straße. 7 m vor dieser Einfahrt steht rechtsseitig des Gehweges ein elektrischer Schaltkasten der Straßenbeleuchtung (Bilder 2 und 31). Links der Hans-Beimler-Straße, 57 m vom Kreuzungsbereich entfernt, steht an der linken Gehwegkante eine Buswartehalle. Schräg hinter dieser steht ein einzelner Baum (Bilder 53–59). Nach der Buswartehalle (70 m vom Kreuzungsbereich entfernt) steht im rechten Winkel zur Straße ein siebengeschossiger Neubaublock, Hans-Beimler-Straße 1 und 3 (Bild 1). Parallel zu diesem Haus steht stadtauswärts eine Kaufhalle, von welcher ein unbefestigter Weg auf die Hans-Beimler-Straße führt.*

*7. Lage der Spuren*

*Die Beschreibung der Lage der Spuren wird chronologisch entsprechend der im Punkt 6 erfolgten Darstellung des Ereignisortbereiches vorgenommen.*

*In der Hauswand des Wohngrundstückes Christian-Ferkel-Str. 20 wird ein Geschosskern – Spur 49 – und an der Hauswand des Eingangs Nr. 22 eine Beschädigung – Spur 50 – festgestellt (Bilder 61–64). An dem in der Yorckstraße abgeparkten Pkw, Typ Trabant 601, polizeiliches Kennzeichen UP 02-72, der Familie Gödicke befinden sich an der Frontscheibe und der hinteren, linken Seitenscheibe Schussbeschädigungen – Spuren 44 und 45 – (Bilder 51 und 52).*

*Im Wohngrundstück, 7022 Leipzig, Yorckstraße 59, im Schlafzimmer der Familie Gabelsberger werden der Stahlkern eines Projektils – Spur 39 – ein Mantelteil – Spur 40 – sowie Beschädigungen der Wohnungseinrichtung – Spuren 41 bis 43 – festgestellt (Bilder 43–49).*

*Parallel, 60 m neben der Yorckstraße, auf der unbebauten verschneiten Wiese verläuft in Richtung Slevogtstraße das Gangbild einer Person – Spur 30 –, welches vermessen wird. Eine Eindruckspur wird als Spur 31 gesichert (Bilder 36 und 37).*

*In der Gardine am Kinderzimmerfenster der Familie Soldin, 7022 Leipzig, Yorckstraße 57, wird ein Geschosskern - Spur 32 - festgestellt (Bilder 63 und 64).*

*In der Säule in der Slevogtstraße des stadtauswärts rechts stehenden Verkehrsschildes »Fußgängerüberweg« befindet sich in Höhe von 1,55 m eine Schussbeschädigung - Spur 27 - (Bilder 33–36).*

*Auf der dem Garagenkomplex vorgelagerten, schneebedeckten Fläche, dem dortigen Gehweg und der Fahrbahn der Hans-Beimler-Straße liegen verstreut Geschosshülsen - Spuren 1 bis 25. Ein Geschossmantel - Spur 26 - liegt auf dem rechten Gehweg. Auf der oben genannten schneebedeckten Fläche wird ein Geschosskern - Spur 28 - gesichert. Das Magazin einer MPi »Kalaschnikow« - Spur 29 - liegt auf der Zufahrt zum Garagenkomplex (Bilder 3–30). Auf der linken Seite der Hans-Beimler-Straße werden in der Buswartehalle zwei - Spuren 46 und 47 - und an dem dahinter stehenden Baum eine Schussbeschädigung - Spur 48 - festgestellt (Bilder 53–59).*

*In der Wohnung der Familie Heilmann, 7022 Leipzig, Hans-Beimler-Straße 3, werden im Wohnzimmer ein Stahlkern eines Projektils - Spur 33 - sowie Beschädigungen am Fenster, der Schrankwand und der Gardine - Spuren 34 bis 38 - festgestellt (Bilder 38–42).*

*8. KT-Arbeit*

*Die am Ereignisort tätige Untersuchungsgruppe unter*

*Beteiligung des Sachverständigen für Gerichtsballistik, Hauptmann Ingenieur HENRION, Technische Untersuchungsstelle des MfS, und des Sachverständigen für Trassologie und gerichtsballistische Untersuchung, Hauptmann der K HEMPEL, sicherte alle im Bericht aufgeführten Spuren und sachlichen Beweismittel.*
*Die ausführliche Beschreibung der Spuren und Beweismittel erfolgt im Protokoll Nr. 3 über die Suche und Sicherung von Spuren vom 17.1.1981. Der Ereignisort wurde fotografiert, vermessen und als Modell dargestellt.*

*9. Ende der Ereignisortuntersuchung*
*Die Ereignisortuntersuchung wurde am 15.1.1981 gegen 16.00 Uhr beendet.*

*Kretschmann*
*Oltn. der K*

Anmerkung: Dieses Ereignisortuntersuchungsprotokoll wurde am 7. April 1981 vom Beschuldigten Helmut Cornelius durch Unterschrift zur Kenntnis genommen.

Natürlich können wir nicht alle Spuren und Beschädigungen, die durch das MPi-Feuer entstanden sind, zeigen. Die große Allgemeingefahr für die betroffenen Bürger verdeutlichen die folgenden Abbildungen. Wie durch ein Wunder wurde keine weitere Person getötet oder verletzt.

Wohnzimmer Heilmann, Glasdurchschuss

Wohnzimmer Heilmann, Beschädigung der Schrankwand

Wohnzimmer Heilmann, Stahlkern auf dem Fußboden (mit 4 gekennzeichnet)

Wohnung Gabelsberger, Schlafzimmerfenster (Durchschuss) von der Straße aus gesehen. Vor dem Haus: Auch an dem Pkw »Trabant«, Typ 601, befinden sich in der linken hinteren und in der Frontscheibe (hier nicht zu sehen) zwei Beschädigungen.

Wohnung Gabelsberger, Schlafzimmerfenster vom Raum aus gesehen

Wohnung Gabelsberger, Defekte in der Wand über den Betten

Wohnung Gabelsberger, Geschossmantelteil auf dem Bett

Margot Soldin aus der Yorckstraße 57, zweite Etage, zeigte sofort an, dass sie nach der Nacht vom 14. zum 15. Januar 1981 eine seltsame Entdeckung machte. Gemeinsam mit ihrem Ehemann war sie zwischen 22 und 23 Uhr zu Bett gegangen. Am Morgen des 15. Januar 1981 gegen 8.30 Uhr stellte sie mit Erschrecken fest, dass die Thermoglasscheibe im Mittelflügel des Kinderzimmerfensters durchschlagen worden war. Die Eheleute konnten sich zunächst nicht erklären, wodurch dieser Schaden verursacht sein könnte. Sie hatten in der Nacht keinerlei Wahrnehmungen gemacht, die darauf hindeuteten, dass etwas Außergewöhnliches passiert war. Im Zimmer hielt sich zur fraglichen Zeit aber niemand auf.

Margot Soldin meinte bei der Tatortuntersuchung, dass wohl ein Metallgegenstand den Schaden verursacht habe, dieser hing noch in Höhe des Loches (10 bis 15 Zentimeter Durchmesser) in der Fenstergardine. Der Metallgegenstand war das Projektil einer Patrone, was die Eheleute in keiner Weise vermutet hatten. Die Fensterseite des Kinderzimmers zeigte in Richtung Slevogtstraße und Hans-Beimler-Straße.

In verschiedenen Vernehmungen hatte Cornelius ausgesagt, dass er vor dem Wegfahren mit der Straßenbahn eine Patrone weggeworfen hatte. Daraufhin suchten Kriminalisten der Untersuchungsabteilung des MfS der BV Leipzig den »stadtauswärtigen Haltestellenbereich« (so im Protokoll vom 17. März 1981) »Annaberger Straße« ab. In diesem Bereich befindet sich das Grundstück Georg-Schumann-Straße 280 a, b und c, vor dem eine circa 1,50 Meter breite Rabatte mit Sträucheranpflanzungen angelegt ist. Auf Mutterboden, unter einem Strauch liegend, konnten sie nach mühsamer Suche eine korrodierte Infanteriepatrone M 43 finden und sicherstellen.

Der stadtauswärtige Haltestellenbereich »Annaberger Straße« der Straßenbahnlinien 11, 28 und 29. Der Pfeil zeigt auf den Eingang zum Grundstück Georg-Schumann-Straße 280 a, b und c. Rechts ist im Bild der Fundort der Patrone markiert.

Detailaufnahme des Auffindungsorts der Patrone

Die Vernehmungen von Helmut Cornelius gestalteten sich nicht sonderlich schwierig. Er war aussagewillig und bereute die Taten zutiefst. Manchmal versuchte er, seine Schuld abzumindern, aber die Kriminalisten fanden dann schließlich mit ihm doch die Wahrheit heraus.

In der Vernehmung am 15. Januar 1981 erklärte er, dass er seit der Ableistung seines Grundwehrdienstes bei der NVA am Wiederitzschen Weg der Auffassung war, dass es ein Leichtes sei, einem Posten seine MPi zu entwenden. Schließlich hätten damals die Offiziere das vorgemacht, um den Soldaten nachweisen zu können, dass sie nicht wachsam genug sind.

Zu seiner persönlichen Entwicklung befragt, gab Helmut Cornelius bereitwillig Auskunft, so in der Vernehmung vom 9. März 1981. Er war 1956 im Alter von einem Jahr mit seinen Eltern von Neumünster/BRD in die DDR nach Miltitz gezogen. In der Familie wurde gemunkelt, dass sein Vater diesen Schritt tat, weil er sich in der BRD einer Strafverfolgung entziehen wollte. Genaueres wusste Helmut Cornelius aber nicht darüber. Seine schulischen Leistungen waren schlecht, er musste zweimal die 7. Klasse machen. Nach Abschluss der 8. Klasse ging er von der Schule ab und begann in der damaligen PGH »Friedenswacht« in Markranstädt eine Lehre als Maurer, die er nach einem Jahr abbrach, seiner Meinung nach aus gesundheitlichen Gründen. Er suchte eine neue Lehrstelle, aber ohne Erfolg. Er arbeitete dann als Hilfsarbeiter in der Robert-Koch-Klinik in Leipzig; eine Stelle, die ihm der Rat des Kreises Leipzig vermittelte. 1973 war er zunächst Kampagnearbeiter im VEB Zuckerfabrik Markranstädt, seit Februar 1974 dann Stammarbeiter, unterbrochen durch die Ableistung seines Grundwehrdienstes. Er qualifizierte sich zum Anlagenfahrer für technische Trocknung und erwarb dafür den Teilfacharbeiter.

Die familiäre Situation gestaltete sich während seiner Kinder- und Jugendzeit schwierig. Die Eltern stritten sich immer um das Geld. Der Vater setzte das meiste Geld in Alkohol um, einen Teil des wenigen restlichen Geldes verbrauchte die Mutter für Kaffee und Zigaretten. Teilweise wurde der Familie der Strom gesperrt, Pfändungen waren an der Tagesordnung. Wörtlich: »Ich führte in meiner Kindheit und in meiner Jugend ein beschissenes Leben.«

Der Vater war gewalttätig, schlug Frau und Kinder, wenn ihm etwas nicht passte. Dann randalierte er und zerschlug alles, was ihm in die Wege kam. Um seine berufliche Entwicklung kümmerten sich die Eltern überhaupt nicht; die wollten nur, dass er endlich Geld mit nach Hause bringt. Seinen ersten erarbeiteten Lohn aus einer kleinen Schülertätigkeit nahm ihm die Mutter restlos weg – wie auch die erste Jahresendprämie.

Unter Alkohol beging er zweimal Straftaten, er war 1978 wegen Körperverletzung zu zwei Jahren Freiheitsentzug auf Bewährung verurteilt worden.

Bis zu seiner Eheschließung habe er nichts als Ärger gehabt. Auch in der Armeezeit fiel er negativ auf. Kurz vor seiner Beförderung zum Gefreiten entfernte er sich unerlaubt von der Truppe, nur um eine Nacht mit einer Frau verbringen zu können. Ausgerechnet in dieser Nacht war Alarm, und mit der Beförderung war es dann vorbei. Helmut Cornelius war verheiratet und hatte zwei Kinder, aber auch die Ehe verlief nicht sonderlich glücklich, vor allem wegen seiner Trinkerei.

In der Vernehmung vom 3. März 1981 ging es vor allen Dingen um den Beschuss des Funkstreifenwagens. Hier räumte er ein, dass er so lange geschossen hatte, bis sich keine Munition mehr im Magazin befand und der Funkstreifenwagen aus seinem Gesichtsfeld verschwunden war. Er überquerte danach in rascher Gangart die Straße, wobei er sich nicht erinnern konnte, in welche Richtung er lief. Er war natürlich aufgeregt und entsetzt über das, was er getan hatte. Sein erster Gedanke war: So schnell wie möglich nach Hause. Gleich am Anfang seiner Flucht entfernte er das sich in der MPi befindliche Magazin und warf es weg. Er konnte sich nicht mehr erinnern, wohin er es genau geworfen hatte. Dann griff er mit der linken Hand in die linke Gesäßtasche der Hose und holte das zweite mit Munition gefüllte Magazin heraus, das er ja dem NVA-Posten abgefordert hatte. Sofort führte er das Magazin in die MPi ein und lud die Waffe wieder durch. Er konnte sich nicht erinnern, nach dem Beschuss des FStW die Waffe gesichert zu haben; er ging jetzt aber davon aus, dass die MPi entsichert und auf »Dauerfeuer« eingestellt gewesen sein musste. Die Waffe trug er weiter in der rechten Hand, wobei der Lauf schräg nach unten zeigte. Er sagte aus, dass er natürlich damit seine Festnahme verhindern wollte, denn er musste davon ausgehen, dass die Polizisten im FStW sofort eine Fahndung nach ihm eingeleitet haben. Auf den Gedanken, dass er einen Polizisten erschossen hatte, kam er in diesem Moment noch nicht. Aber er wollte sich gegen seine Festnahme wehren und hätte auf jeden Fall geschossen!

Helmut Cornelius rannte um sein Leben, denn er wusste: Wenn er sich mit der Maschinenpistole wehren würde, hätte man auch auf ihn geschossen. Als er nicht mehr rennen konnte, legte er, außer Atem gekommen, eine rasche Gangart ein.

Es meldeten sich unmittelbar nach der Tat zwei Zeugen, die den Beschuss des FStW miterlebten.

Hedwig Petraschke, Jahrgang 1954, Kostümschneiderin bei den Städtischen Bühnen Leipzig in der Bosestraße 1, hielt sich am Abend des 14. Januar 1981 in der Nebenwohnung von Peter Wunderlich in der Fučikstraße in Leipzig auf. Die Großmutter ihres Lebensgefährten war zu Besuch, die sie beide gegen 21.30 Uhr mit dem Taxi zum Leipziger Hauptbahnhof brachten. Der Zug hatte aber erhebliche Verspätung, so dass sie erst kurz nach Mitternacht wieder in die Straßenbahn der Linie 29 stiegen. Sie fuhren bis zur Haltestelle »Straßenbahnhof Möckern«, von dort aus liefen sie in Richtung Fučikstraße. Nachdem ihr ein Stadtplan vorgelegt wurde, konnte sie die Straßen, die sie gegangen sind, genau benennen. An der Ecke der Georg-Schumann-Straße bogen sie in die Slevogtstraße ein. Sie überquerten die Blücherstraße und die Kreuzung Hans-Beimler-Straße/Yorckstraße. Unmittelbar nach dieser Kreuzung liefen sie die Slevogtstraße weiter, und da nahmen sie erstmalig einen jungen Mann wahr, der aus Richtung Ambulanz über die Wiese kam. Sie entdeckten, dass er eine Maschinenpistole bei sich trug, in seiner rechten Hand. Der Kolben zeigte nach unten.

Beide liefen langsam weiter, schauten sich aber immer nach dem bewaffneten Fremden um. Dabei sahen sie in der Hans-Beimler-Straße einen Funkstreifenwagen in Richtung Kreuzung fahren. Der Mann mit der MPi sprang auf die Straße und eröffnete das Feuer. Als Funken aus der Waffe zu sehen waren, dachten sie zunächst, dass sich jemand einen Silvesterscherz mit Platzpatronen macht. »Da auf einmal der Funkstreifenwagen scharf anfuhr«, sagte Hedwig Petraschke, »und die von mir genannte Person noch eine Salve hinterherschoss, wusste ich sofort, hier ist etwas nicht in Ordnung, denn sonst würde das Polizeiauto sofort anhalten.«

Vom Heizhaus Möckern in der Richard-Sorge-Straße (heute Diderotstraße) informierten sie über den Notruf 110 die Deutsche Volkspolizei. Das war ungefähr gegen 0.30 Uhr.

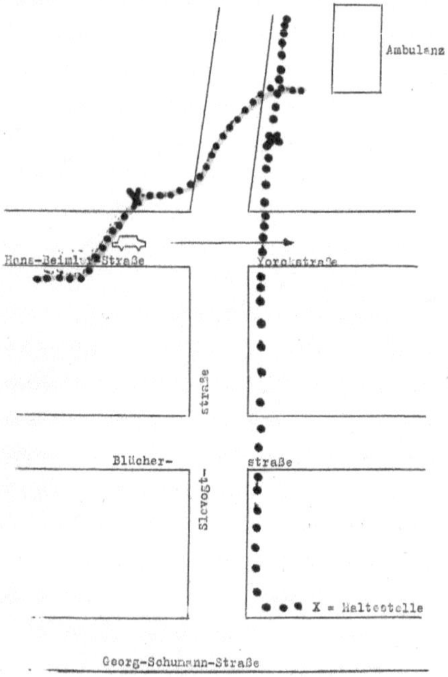


Skizze der Zeugin Hedwig Petraschke. Der Weg von der Straßenbahnhaltestelle ist mit schwarzen Punkten eingezeichnet, der Weg des Schützen ebenfalls, aber noch mit einer Linie unterlegt. Das Kreuz links befindet sich an der Stelle, an der die Person auf den FStW geschossen hatte. Das Kreuz rechts markiert ihre erstmalige Begegnung mit ihm.

Peter Wunderlich, Jahrgang 1954, Elektromonteur bei der Wärmeversorgung und Anlagenreparatur Leipzig am Erich-Weinert-Platz 3/4, bestätigte die Aussagen seiner Freundin und zeichnete ebenfalls noch am 15. Januar 1981 eine Skizze.

Doch weiter zum Fluchtweg von Helmut Cornelius, wie er ihn in seinen Vernehmungen beschrieb. Während er sich auf dem Hof in der Georg-Schumann-Straße hinter dem Torpfeiler versteckte, gingen ihm verschiedene Gedanken durch den Kopf. Er war zu dem Schluss gekommen, dass sein Vorhaben, auf die schon beschriebene Weise in die BRD zu gelangen, endgültig gescheitert und seine Situation ausweglos war. Denn schließlich hatte er mit einer MPi auf ein Polizeiauto geschossen! Sein Entschluss war zunächst, sich »eine Kugel in den Kopf zu jagen« – wie er laut Protokoll wörtlich aussagte. Aber: Es fehlte ihm der Mut.

In der Vernehmung vom 5. März 1981 wurde die Straßenbahnfahrt mit der Linie 29 behandelt. Er hatte zwar die Liniennummer an der Vorderseite des Triebwagens gesehen, sich aber überhaupt nicht informiert, in welche Richtung die Bahn fuhr. Für ihn war es eine erste Gelegenheit, »so schnell wie möglich aus der Gegend zu verschwinden«. Er hoffte, dass die Bahn in Richtung Hauptbahnhof fahren würde, von wo aus er dann mit einem Taxi nach Hause gefahren wäre. Aber die Bahn fuhr in die entgegengesetzte Richtung. So fuhr er bis zur Endhaltestelle in Schkeuditz, um mit der nächsten Bahn in Richtung Zentrum zurückfahren zu können.

Er war verwirrt. Erst am Rathaus Schkeuditz, das er kannte, war ihm klar, wo er sich nun befand. Er sah auch, dass zwei Volkspolizisten einen Mann kontrollierten, aber er hatte gar keinen Gedanken mehr an eine Flucht. Er lief geradewegs auf die Streife zu. Ihm war alles egal.

Doch die Kontrolle führte, wie wir schon wissen, nicht zu seiner Festnahme. Er machte sich zu Fuß auf den Weg nach Leipzig. Aber dann geschah das für ihn Verhängnisvolle. Befragt, ob ihm nach Verlassen der Ortschaft Schkeuditz bis zum Zustieg in das Taxi Personen begegnet wären, antwortete Helmut Cornelius: »Ich bemerkte jedoch, nachdem ich die Ortschaft Schkeuditz verlassen hatte, dass mir ein Auto folgte. In welcher Entfernung mir das Auto folgte, weiß ich allerdings nicht. Ich hatte lediglich bemerkt, dass an dem Auto die Beleuchtung ausgeschaltet wurde, es jedoch trotzdem weiter hinter mir herfuhr. Als ich das bemerkte, dachte ich so bei mir, dass das schon die Polizei sein könnte. Ich lief aber ohne Hast weiter. Mir war ja zu diesem Zeitpunkt sowieso alles egal, und ich ließ die ›Dinge laufen, wie sie liefen‹.«

Das war hinter der Ortschaft Lützschena, als die aufmerksamen Polizisten des Funkstreifenwagens »Löwe 203« anhand der Personenbeschreibung in der Fahndung erst einmal einen Verdächtigen beobachtet und verfolgt hatten.

Natürlich wurde auch die Persönlichkeit des Beschuldigten erforscht, so in der Vernehmung am 28. Januar 1981, in der es um den Alkoholkonsum ging. Helmut Cornelius sagte aus, dass er seit dem Beginn seiner Lehre ab 1970 über relativ große Zeiträume größere Mengen Alkohol zu sich genommen hatte, so acht bis fünfzehn Gläser Bier am Tag. Bis zu seiner Eheschließung 1978 war er »sozusagen fast jeden Tag im ›Drahn‹«, so täglich zehn kleine Bier und fünf doppelte Schnäpse. Danach ging sein Alkoholkonsum zurück, weil seine Ehefrau permanent drohte, sich scheiden zu lassen. Aber dann ging das Trinken weiter, vor allem auf der Arbeitsstelle, wenn es nichts zu tun gab. Und das war oft der Fall. Dann trank er täglich eine halbe und manchmal auch eine ganze Flasche Schnaps. Dazu kam dann noch das Bier, das er in der Freizeit trank. So zwanzig Flaschen Bier pro Woche, 0,5 Liter versteht sich.

Um sich dennoch fit zu halten, trank er täglich zehn Tassen Kaffee und rauchte zwanzig Zigaretten. »Störungen meines geistigen Zustands habe ich bisher ohne den Einfluss alkoholischer Getränke nicht festgestellt.« Störungen in seinem geistigen und körperlichen Zustand würden bei ihm erst dann eintreten, wenn er in drei Stunden fünfzehn bis achtzehn Glas helles Bier (0,25 Liter) und fünf bis sieben doppelte Glas Weinbrand trinke. Heißt, er konnte etwas vertragen.

Helmut Cornelius gab zu, dass er unter Alkohol sehr aktiv wird und mit den Leuten Streit anfängt, was in der Vergangenheit schon zu handgreiflichen Auseinandersetzungen führte. Wenn er kein Recht bekam, dann verschaffte er sich dies auf recht unsanfte Art und Weise. Er war wegen Körperverletzung vorbestraft. »Wenn ich Alkohol getrunken habe, fühle ich mich regelrecht stark und bin bereit, risikovoll zu handeln. Ich habe zum Beispiel unter dem Einfluss von Alkohol meine

Tätigkeit als Rangierer verrichtet und bin dabei noch bei fahrendem Zug zwischen diesen und dem Waggon getreten, um anzukuppeln. Das hätte ich im nüchternen Zustand aus Angst nie getan.« Da hatte doch der Teufel Alkohol auch eine gute Seite gezeigt!

Um Alkohol ging es auch in der Vernehmung vom 29. Januar 1981, diesmal aber tatbezogen. Am 12. Januar 1981, also zwei Tage vor der Tat, trank er eine Flasche Weinbrand der Marke »Grand mit Dreien« (0,75 Liter), allein, oder mit einem Arbeitskollegen, das wusste er nicht mehr. Im Betrieb hatte er Schwierigkeiten. Andere Kollegen behaupteten, dass er und sein Trinkkollege »unehrlich« arbeiten würden. Also suchten sie jede Gelegenheit, den Ärger »runterzuspülen«. Am 13. Januar, so zwischen 18 und 19 Uhr, tranken sie noch einmal das Gleiche. Zuvor, zwischen 11 und 12 Uhr, trank Helmut Cornelius in der Gaststätte *Westend* in Leipzig drei Glas Bier (0,25 Liter) und zwei doppelte Weinbrand »Edel«.

Am 14. Januar 1981 ging die Trinkerei auf der Arbeit und zu Hause munter weiter. Auf das Konto kamen eine Flasche helles Bier (0,5 Liter) und drei bis vier doppelte Gläser Schnaps der Marke »Eisklarer«. Diesen Schnaps trank er im Betrieb im sogenannten »Aschekeller«, wo er sich mit einem Kollegen ungefähr eine halbe Stunde aufhielt. Dann zog er weiter zum Pumpenhaus des Gradierwerks, weil immer noch nichts zu tun war. Dort blieb er ebenfalls 30 Minuten und trank während dieser Zeit mit dem Pumpenwart noch drei doppelte Gläser »Wodka«. Davor hatte er bereits mit einem anderen Kollegen eine Flasche »Apfelkorn« (0,75 Liter) geleert.

Gegessen hatte er an diesem verhängnisvollen Tag sehr wenig. In den Abendstunden besuchte er auch noch die Gaststätte *Grünau* für einige alkoholische Getränke – bis man dort das Licht löschte.

In anderen Vernehmungen korrigierte Helmut Cornelius die konsumierte Menge Alkohol sowohl nach oben als auch nach unten. Man muss ihm aber zugutehalten, dass ein regelmäßiger Trinker kaum genau weiß, was er an diesem oder jenem Tage zu sich genommen hat, zumal ja der Alkohol das Gedächtnis zusätzlich vernebelt.

Schon am 16. Januar 1981 wurde das Institut für Gerichtliche Medizin und Kriminalistik der KMU Leipzig gebeten, anhand der Blutprobe von Helmut Cornelius (Blutentnahmezeit 15. Januar 1981, 6 Uhr) die Äthanolkonzentration, wie es exakt heißt, zu bestimmen. Es konnten durch Diplomchemiker Wehran 1,2 Promille (= mg/g) ermittelt werden. Da eine Rückrechnung in diesem vorläufigen Gutachten nicht statthaft war, da zwischen Vorfall und Blutentnahme mehr als fünf Stunden lagen, wurde durch die Gutachter (Oberarzt Dr. med. Holzhausen und Oberarzt Dr. med. H. J. Hammer) empfohlen, ein abschließendes Gutachten unter Berücksichtigung aller Ermittlungsergebnisse einzuholen.

Die Gutachter schrieben: »Bei einer Blutalkoholkonzentration von 1,2 mg/g liegt auch bei alkoholgewohnten Personen eine mittlere Alkoholbeeinflussung vor, die mit deutlicher Abnahme des Raumsehvermögens und der Anpassungsfähigkeit der Augen an die Dunkelheit, deutlich verminderter Aufmerksamkeit und Konzentrationsfähigkeit, Zeichen der Euphorie und Enthemmung mit Überschätzung der eigenen Fähigkeiten und Steigerung des Selbstbewusstseins sowie deutlich verzögerten Reaktionsabläufen einhergehen.«

Das Gerichtsärztliche Gutachten zu diesen Fragestellungen wurde später, am 5. März 1981, verfasst – von OMR Prof. Dr. sc. med. Dürwald und Dr. med. Du Chesne. Nach Kenntnis der Aktenlage und aller notwendigen Informationen zum Sachverhalt ergab sich rechnerisch für die »Vorfallszeiten« (15. Januar 1981, 0.10 Uhr Entwendung der MPi und 0.25 Uhr Überfall auf den Funkstreifenwagen) eine Blutalkoholkonzentration von 2,1 bis 2,3 mg/g. Zu diesem Ergebnis kamen die Gutachter sowohl durch Rückrechnung aufgrund der am 15. Januar 1981, 6 Uhr, festgestellten Alkoholkonzentration von 1,2 mg/g als auch durch Rückrechnung des Alkoholkonsums, wie er von Helmut Cornelius selbst angegeben worden war. Die Gutachter konnten so mit einigem Erstaunen feststellen, dass die Angaben von ihm zu Trinkmenge und -zeiten im Wesentlichen den Tatsachen entsprachen! Das war jedenfalls eine sehr starke alkoholische Beeinflussung zur Tatzeit.

Der letzte Gaststättenbesuch vor den Attentaten war allerdings auch für den vorbestraften Karl Wittleder, den Trinkkumpel, Jahrgang 1956, Kernformer im VEB Gießerei- und Maschinenbau Leipzig, sehr folgenreich. Er war 1976 wegen Rowdytums vom Kreisgericht Leipzig-Land zu einem Jahr Freiheitsentzug verurteilt worden, 1978 vom selben Kreisgericht wegen vorsätzlicher Körperverletzung zu einem Jahr auf Bewährung, angedroht waren acht Monate Freiheitsentzug. Er wurde nun im Zusammenhang mit der Strafsache Helmut Cornelius beschuldigt, »glaubhafte Kenntnis von dem Vorhaben eines Verbrechens gegen die Deutsche Demokratische Republik und eines Vergehens des Missbrauchs von Waffen vor dessen Beendigung erlangt zu haben und dies nicht unverzüglich zur Anzeige gebracht zu haben«, wie es juristisch vom Vernehmer des Leipziger Untersuchungsorgans im Protokoll der Beschuldigtenvernehmung vom 27. Februar 1981 formuliert wurde. Das war strafbar nach Paragraph 225 Absatz 1 Ziffer 2 und 6 StGB (Unterlassung der Anzeige), nach Paragraph 101 StGB (Terror) und nach Paragraph 206 Absatz 1 StGB (Unbefugter Waffen- und Sprengmittelbesitz).

Karl Wittleder räumte alle Vorwürfe ein. In der Gaststätte *Grünau* hatte er mit Helmut Cornelius kräftig getrunken, und plötzlich sprach dieser, dass er sich aus der Kaserne in Leipzig, wo er gedient hatte, eine »Knarre« besorgen wolle. Cornelius betonte, dass er von der DDR die Schnauze voll habe und »dass man hier in der DDR ihn ›mal am Arsch lecken könne‹«. Er forderte Wittleder auf, mit zur Kaserne zu kommen, um die »Knarre« zu holen. Sein Vorschlag war, dass sich dann beide mit der »Knarre« in die BRD durchschlagen.

Wittleder lehnte dankend ab, Cornelius beschimpfte ihn daraufhin massiv als Feigling. So eingeschüchtert, sagte Wittleder zu, mitzumachen. Im aggressiven Ton wurde er von seinem Gegenüber aufgefordert, ein Auto zu beschaffen, was er in der Nähe der Gaststätte *Grünau* auch halbherzig in Angriff nahm – ohne Erfolg natürlich. Nach Gaststättenschluss fuhren sie gemeinsam mit einem Bus der Linie B in Richtung Leipzig-Lindenau bis zur Saalfelder Straße. Nun wollte Cornelius mit dem Taxi zum NVA-Objekt. Wittleder entfernte sich unter dem Vorwand, ein Auto »knacken« zu wollen, in eine Seitenstraße und flüchtete.

In seiner Vernehmung gab er zu, das Vorhaben von Helmut Cornelius weder den Sicherheitsorganen noch anderen staatlichen Dienststellen der DDR mitgeteilt zu haben, obwohl er keinerlei Zweifel hegte, dass Cornelius sich eine Waffe beschaffen und versuchen würde, die DDR zu verlassen. Auf welchem Weg auch immer.

Ergänzt werden muss, dass mit Verfügung vom 17. März 1981 das Untersuchungsorgan des MfS das gegen Helmut Cornelius geführte Ermittlungsverfahren erweiterte. Er war zudem dringend verdächtig, »im Juni 1979 in Miltitz ein Klappfahrrad und im Dezember 1980 aus einem Keller in 7060 Leipzig eine Holztruhe, einen Lederkoffer und neun verschiedene Bücher zum Nachteil persönlichen Eigentums weggenommen und sich diese Sachen rechtswidrig zugeeignet zu haben«. Das war gemäß Paragraph 177 Absatz 1 StGB der DDR strafbar.

Der Keller gehörte einer Nachbarin, mit der Cornelius eigentlich gut auskam und in deren Wohnung er auch schon einige handwerkliche Arbeiten gegen Bezahlung verrichtet hatte. Als diese Tat auf einer Hausgemeinschaftsversammlung ruchbar wurde, meinte er für sich, dass er ja gar nicht gewusst hatte, dass der Keller seiner Nachbarin gehörte. Beim Diebstahl war er stark alkoholisiert, was ja nicht extra betont werden muss, ebenso bei der Entwendung des roten Klappfahrrads vor der Gaststätte *Rosensäle* in Miltitz - in einem kleinen Ort westlich von Leipzig. Das Fahrrad hatte er entwendet, weil er »zu faul war, zu laufen«. Cornelius wohnte damals noch in der Geraer Straße in 7033 Leipzig.

Zuvor, am 10. März 1981, hatte seine Ehefrau die genannten Gegenstände gemäß Paragraph 110 Absatz 3 StPO freiwillig herausgegeben, eine Anordnung zur Durchsuchung und Beschlagnahme des Kreisgerichts Leipzig lag vor. Wir erfahren aus dem Protokoll, dass das Klappfahrrad rot (Auffindeort Keller) und die Holztruhe mit zwei innenliegenden Säcken braun (aufgefunden im Schlafzimmer) war. Im Wohnzimmer wurden die neun gestohlenen Bücher aufbewahrt - wo sie ja auch hingehören, darunter solche interessanten Titel wie *Die Elixiere des Teufels*, *Frauen werden nicht gefragt* und *Elisabeth von Dijck*.

Cornelius war aber durchaus wählerisch. Einige Bücher, die er nicht gebrauchen konnte, warf er sofort wieder über den Verschlag der betroffenen Kellerbox, ebenso die alten Kleider, die sich in Säcken befanden. Der Lederkoffer, der sich ebenfalls in der Truhe befand, blieb aber wie die Truhe in seiner Wohnung; der Koffer konnte allerdings nach unseren Erkenntnissen später nicht mehr beschlagnahmt werden, er war spurlos verschwunden.

Seine persönliche Stellungnahme vom 20. Februar 1981 zeugt von ehrlicher Reue:

*Stellungnahme zu meinen begangenen Straftaten (14.1. zum 15.1.1981)*

*Ich, Helmut Cornelius, möchte zu den Straftaten, die zu Protokoll stehen, Stellung nehmen.*
*Ich bekenne mich schuldig, aber ich bereue meine Straftaten, was man sich vielleicht nicht denken kann.*

*Wieso das alles geschehen konnte, weiß ich nicht. Ich hatte keine Gründe, Derartiges zu tun oder überhaupt einem Menschen Leid anzutun. Dies alles, was durch meine Schuld passiert ist, und ich selbst nie das Verlangen hatte, zu töten. Das alles, was ich selbst nicht verstehe, dieses Warum geht mir selbst so ans Herz, dass ich selbst darüber so erschrocken bin und es mir keine Ruhe lässt. Die Folgen, die sich aus meinen Straftaten ergeben haben, lassen sich mit meinen Nerven, weil ich es nicht verstehe, dass so etwas geschehen konnte. Ich habe mich in eine Lage gebracht, die ich mir nicht und auch nie verzeihen werde. Ich komme über das Geschehene nicht weg, weil es mich schmerzt, weil durch meine Schuld ein Mensch ums Leben gekommen ist.*
*Diese Bitterkeit, an das denkend, was man angerichtet hat und das ich aus reinem Herzen nicht wollte.*
*Ich hatte Angst, solche Angst, die ich einfach nicht beschreiben kann, und diese Angst hat mich zu etwas getrieben, was ich selbst nicht verstehe. Ich bin selbst zu der Überzeugung gekommen, dass ich das nie hätte tun*

*dürfen, weil es das Leben meiner Familie, einer anderen und mein eigenes Leben zerstört hat. Und darum bereue ich alles, was ich getan habe, und versuche, es wiedergutzumachen in meinem späteren Leben, wenn man mir die Möglichkeit dazu gibt.*
*Aber ich denke oft daran oder habe den Glauben an später verloren, um daran zu denken, ob es für mich ein Später gibt. Dies alles, was mich tief betroffen hat, bereue ich, und ich nehme jede Strafe auf mich oder sonstiges, um das wiedergutzumachen, was ich angerichtet habe.*

*Leipzig, den 20.2.1981* *gez. Helmut Cornelius*

Nachzutragen wäre noch, dass schon am 3. Februar 1981 Dr. med. Friedrich Herber vom Institut für Gerichtliche Medizin und Kriminalistik der Karl-Marx-Universität Leipzig, Bereich Medizin, ein gerichtsärztliches Gutachten zur Art und zum möglichen Zustandekommen von äußerlich wahrnehmbaren Verletzungen beim Wachsoldaten Peter Paul und beim Beschuldigten Helmut Cornelius erstattete. Die körperliche Untersuchung fand am 15. Januar 1981 im Institut statt und wurde in Gegenwart von Mitarbeitern der Untersuchungsabteilung der BV Leipzig durchgeführt.

Bei Peter Paul konnten Hautabschürfungen im Gesicht festgestellt werden, die sich in einem relativ kleinen Bezirk (Nasenwurzel, rechter Nasenflügel und rechte innere Brauenregion) gruppieren. Der vorliegende Befund war »durch einen ziemlich tangential, d. h. etwa im Sinne eines sog. Schwingers geführten Faustschlag zu erklären«.

Die Aussage stand natürlich im Widerspruch zur Aussage des Beschuldigten, der immer davon sprach, dass er einen starken Schlag gegen die Brust des Opfers geführt hatte. Dagegen sprach auch, dass im Brustkorbbereich des Soldaten keine Unterblutungen festgestellt werden konnten. Bei der Dicke der Dienstbekleidung wären solche Unterblutungen jedoch auch nicht unbedingt zu erwarten gewesen. »Da Cornelius deutlich größer als Paul ist«, so der Gutachter, »und außerdem z. Zt. des Vorfalles unter Alkoholeinfluss stand, kann es sich bei seiner Angabe durchaus um eine nachträgliche Mutmaßung handeln. Andererseits ist auch einem medizinischen Laien bekannt, dass ein gegen die Brustkorbpartie geführter Schlag im Allgemeinen weniger Aussicht in sich birgt, einen ›Gegner‹ in seiner Handlungsfähigkeit zu beeinträchtigen als eine entsprechende Gewalteinwirkung gegen den Kopf.«

Damit war alles gesagt und auch dieser Widerspruch aufgeklärt. Bei Helmut Cornelius wurden nur geringfügige Verletzungen festgestellt, so eine Verletzung an der linken Daumenpartie, die durch ein kurzzeitiges Einklemmen in einen entsprechend geformten Gegenstand (Teile des Magazins der entwendeten Waffe?) entstanden sein konnte.

Gegen Peter Paul wurde wegen Verletzung der Wachdienstvorschriften ebenfalls ein Ermittlungsverfahren eingeleitet. Am 12. Oktober 1979 hatte ihn das Militärgericht Halle schon wegen unerlaubter Entfernung von der Truppe zu vier Monaten Strafarrest verurteilt.

Peter Paul gab zu, zwei Wachdienstvorschriften verletzt zu haben. Als Posten hatte er zum Beispiel keine Gespräche mit Personen zu führen, die nicht seine Wachvorgesetzten waren. Außerdem war es seine Pflicht, bei der Annäherung an den Postenbereich diese Person anzusprechen: »Halt! Wer da? Stehen bleiben!« Diese beiden Vorschriften hatte er bewusst missachtet. Zu welcher Strafe er letztlich verurteilt worden war, konnte den Akten nicht entnommen werden.

In seiner Vernehmung am 4. Februar 1981 legte man ihm Abbildungen von sechs Personen vor. Er sollte auf diesen Fotos den Mann erkennen, der ihm die Waffe geraubt hatte, und er sagte: »Meiner Meinung nach handelt es sich bei der Person, welche mit der Zahl vier beziffert ist, um diejenige, welche mir in der Nacht vom 14.1. zum 15.1.1981 die Maschinenpistole gewaltsam abgenommen hat. Diese Person sah jedoch am 14.1.81 noch etwas unordentlicher die Haare betreffend aus.«

Lichtbildvorlage Peter Paul

Zu allem Ungemach kam noch hinzu, dass Major Melzer vom Artillerie-Regiment 3 am 20. Februar 1981 zu Protokoll gab, dass die Tatwaffe (MPi-KM Nummer Q-69-5467) gar nicht die persönliche Waffe von Soldat Peter Paul war. Am 16. Januar 1981 hatte der Wachvorgesetzte nämlich festgestellt, dass diese Waffe dem ehemaligen Soldaten Granowsky gehörte, der als Reservist am 30. Januar 1981 entlassen wurde. Granowsky stand am 14. Januar 1981 gemeinsam mit Peter Paul Wache. Beide Waffen wurden höchstwahrscheinlich vor dem Postaufzug vertauscht. »Die persönliche Waffe des Soldaten Paul Nr. Q-69-5687 ist in der Einheit vorhanden«, heißt es abschließend in dem Aktenvermerk. Das war ja unerhört beruhigend.

Es wurden weitere Gutachten erstattet, deren wesentlichen Inhalte wir chronologisch darstellen.

Im tauenden Schnee konnten, worüber noch nicht berichtet wurde, am Ausbildungsgelände der NVA (Tatort 1) bei der Ereignisortuntersuchung am 15. Januar 1981 drei Schuheindruckspuren gefunden und mit Gips gesichert werden. Das kriminaltechnische Laboratorium der Kriminalpolizei der BDVP Leipzig erhielt von der Untersuchungsabteilung des MfS der BV Leipzig einen Untersuchungsauftrag, ein Paar braune Herrenreißverschlussstiefel Größe 9 (43) mit glatten Dreiviertelsohlen und Absätzen mit Rhombusprofil aus dem Besitz des Beschuldigten Helmut Cornelius zur Vergleichsuntersuchung und die im Schnee verursachte und mit Gips gesicherte Spur 1.1. eines linken Schuhs mit glatter Sohle und einem Absatz mit Rhombusprofil. Durch die Untersuchung sollte festgestellt werden, ob die Spur 1.1. von einem der beiden Stiefel aus dem Besitz des Beschuldigten verursacht wurde. Der Sachverständige für Trassologie und gerichtsballistische Untersuchungen, Hauptmann der K Hempel, konnte in seinem Gutachten vom 4. Februar 1981 wegen des fragmentarischen Charakters der Tatortspur keine eindeutige Aussage treffen: Wahrscheinlich hatte der linke Stiefel die Spur verursacht.

Die Technische Untersuchungsstelle des MfS in Berlin erstattete am 25. März 1981 ein ballistisches Gutachten, das eine Bewertung der Textilspuren einschloss. Gutachter waren Hauptmann Henrion, Ingenieur, und Unterleutnant Kleinert, Textilingenieur. In der Zusammenfassung heißt es dort wörtlich:

*Die zur Begutachtung eingereichte Maschinenpistole erwies sich als normal funktionsfähig. Mit ihr wurde nach dem letztmaligen Reinigen ihres Laufes, Gaszylinders und Gaskolbens geschossen.*

*Anhand der vorliegenden 26 Patronenhülsen konnte die Waffe, in der diese Hülsen ausgeschossen wurden, nicht identifiziert werden. Es gibt andererseits keine Spuren, welche die begutachtete Maschinenpistole als Tatwaffe ausschließen würden.*

*Die zur Begutachtung eingereichten zylinderförmigen Metallteile und messingfarbenen Metallsplitter sind Bestandteile zerstörter Geschosse der Patrone M-43. Ein Metallsplitter stammt von der Karosserie des beschädig-*

*ten Kfz. Zwei Geschossmantelsplitter wurden als Teile von Geschossen identifiziert, die aus der Maschinenpistole AK-47, Nr. 0 5467, verschossen worden sind.*

*Der FStW »Löwe 222« wurde von vorne, von links und von hinten beschossen. Er wurde von mindestens acht Geschossen getroffen, die teils das Fahrzeug direkt trafen, sich teils von anderen festen Körpern absetzten, bevor sie das Fahrzeug erreichten. Die ersten Treffer erhielt der FStW, als er sich etwa 40 m vom Schützen entfernt befand. Dann näherte er sich dem Schützen bis auf ca. 9 bis 13 m und entfernte sich wieder. Die Waffe des Schützen war auf den vorbeifahrenden FStW gerichtet.*

*In diesem Sinne lag gezielte Schussabgabe vor.*

*Am Tatort Hans-Beimler-Straße hat der Täter von zwei Standorten aus geschossen. Diese Standorte sind in einer Skizze (Bild 3 der Anlagekarte) dargestellt. Durch die Handlungen des Schützen waren sowohl der Geschädigte Hartwig als auch die Zeugen (…) gefährdet.*

*Es bestand Gefahr für Leben und Gesundheit der betreffenden Personen. Darüber hinaus waren Personen gefährdet, die sich im sog. Gefahrenbereich aufhielten. Die Grenzen dieses Gefahrenbereiches erstrecken sich 3.000 m vom Schützenstandort.*

*Zwischen den grünen Fasern von einem Geschosssplitter und den grünen Fasern vom Kragen einer Dienstjacke der DVP besteht keine Artgleichheit. Die an der Visiereinrichtung der vorliegenden Maschinenpistole gesicherten blauen Fasern sind artgleich den Fa-*

*sern vom Bündchen der Windjacke des Beschuldigten Cornelius.*

Auf Anordnung der Staatsanwaltschaft des Bezirks Leipzig, Abteilung IA, vom 20. März 1981 erstattete OMR Prof. Dr. sc. med. Manfred Ochernal von der Sektion Kriminalistik der Humboldt-Universität zu Berlin, Arbeitsgruppe Kriminalistische Psychologie/Psychiatrie, am 1. April 1981 ein forensisch-psychiatrisches Gutachten. Helmut Cornelius war am 4. März 1981 im Haftkrankenhaus Berlin aufgenommen worden. Es wurden keine Hinweise oder Beweise für ein körperlich-internistisches Geschehen gefunden, das man mit den ihm zur Last gelegten strafbaren Handlungen in Verbindung bringen könnte. Auch in neurologischer Hinsicht stand alles zum Besten. Koordination, Sensibilität und Vegetativum waren unauffällig. Das war auch das Ergebnis der Laboruntersuchung im Haftkrankenhaus Berlin – ohne Befund. Schädelröntgenaufnahmen, Thoraxaufnahme und Elektrokardiogramm (EKG) erbrachten ebenfalls keine Auffälligkeiten.

Dazu kam nach Einschätzung des Gutachters, dass Cornelius in psychischer Hinsicht völlig unauffällig war. Zusammengefasst schrieb Prof. Dr. Ochernal, dass der Beschuldigte prinzipiell (ohne Alkohol) als ein voll zurechnungsfähiger Mensch anzusehen ist. Der Alkoholeinfluss zur Zeit der Tat hatte einen Zustand der verminderten Zurechnungsfähigkeit (Paragraph 16 Absatz 1 zweite Voraussetzung StPO der DDR) herbeigeführt, »wobei aber hierbei im Wesentlichen der

Antrieb gestört war und nicht die Orientierung, die Wahrnehmungsfähigkeit und in erheblichem Maße die Kritikfähigkeit, was durch das Erleben und Verhalten des Beschuldigten zur Zeit der Tat bewiesen wird. Auf besonderes Befragen durch den Herrn Staatsanwalt des Bezirkes Leipzig hat der Sachverständige zu antworten, dass sich nach Lage der Sache unter Berücksichtigung der Vorgeschichte des Beschuldigten dieser zur Zeit der Tat schuldhaft in diesen Zustand versetzt hat. Mehr kann derzeit ohne das Vorliegen anderer Umstände, die bisher dem Sachverständigen nicht bekannt waren, nicht gesagt werden.«

Die Beweise lagen vor, die Untersuchungen wurden gründlich geführt, und nun war es endlich Zeit, das Ermittlungsverfahren am 14. April 1981 mit einem Schlussbericht zu beenden und an den Staatsanwalt des Bezirks Leipzig zu senden, woraufhin dieser (im Auftag Kurzke) am 7. Mai 1981 seine Anklageschrift an das Bezirksgericht Leipzig, 1. Strafsenat, in 7010 Leipzig, Harkortstraße 9 schickte. Er beantragte, die Hauptverhandlung zu eröffnen, einen Termin zur Hauptverhandlung anzuberaumen und über die gestellten Schadenersatzanträge der BDVP Leipzig, der Verwaltung der Sozialversicherung Leipzig und der drei Geschädigten mit zu entscheiden. Die Anklageschrift ging am 8. Mai 1981 im Bezirksgericht Leipzig ein, das unter dem Aktenzeichen 1 BS 17/81 das Hauptverfahren eröffnete.

Das Bezirksgericht Leipzig verhandelte vier Tage, am 10., 11., 15. und 19. Mai 1981 unter Vorsitz von Frau

Direktor Hexelschneider. Der nun angeklagte Helmut Cornelius wurde »wegen mehrfachen vollendeten Terrors im besonders schweren Fall in teilweiser Tateinheit mit vollendetem und versuchtem Mord, mit schwerem Raub, mit verbrecherischem unbefugten Waffenbesitz, alles in Tateinheit mit Vorbereitung zum Terror im besonders schweren Falle sowie mit versuchtem ungesetzlichen Grenzübertritt im schweren Fall« zu lebenslänglicher Freiheitsstrafe verurteilt. Gleichzeitig wurde er verurteilt, Schadensersatz zu zahlen. Die Auslagen für das Verfahren hatte der Angeklagte ebenfalls zu tragen. Über das Urteil wurde auch zeitnah, aber verkürzt in der *Leipziger Volkszeitung*, Kreisausgabe Leipzig-Stadt, berichtet.

Die Beweiswürdigung durch den Senat war differenziert und abwägend, es wurde auch entlastend gewertet. In Übereinstimmung mit der von der Staatsanwaltschaft vorgetragenen Auffassung ging das Gericht, den Aussagen des Angeklagten folgend, zum Beispiel davon aus, dass sich durch seine Hektik beim Vorgehen versehentlich der Schuss in der Radefelder Straße löste.

Zur Motivation wurde festgestellt, dass sich Helmut Cornelius als Jugendlicher einer nazistisch orientierten Gruppe junger DDR-Bürger angeschlossen hatte und sich in voller Kenntnis ihres Charakters für die Wehrsportgruppe Hoffmann, eine neonazistische terroristische Vereinigung in der BRD (Januar 1980 verboten), begeisterte. Diese Auffassung äußerte er auch gegenüber anderen Jugendlichen. Er rechnete sich durch ein gelungenes ungesetzliches Verlassen der DDR mit der

Entführung eines Flugzeugs in Schkeuditz sogar viele Vorteile aus. Man hätte ihn in der BRD sicher mit offenen Armen empfangen und als Held gefeiert.

Eine »geringfügige Verärgerung« im Betrieb war der Auslöser für seine Verbrechen. In den späten Abendstunden des 14. Januar 1981 teilte er einem Bekannten in der Gaststätte mit, dass er den lange durchdachten Plan, die DDR durch eine gewaltsame Flugzeugentführung zu verlassen, in die Tat umsetzen will. Er forderte ihn sogar direkt auf, mitzumachen, was dieser aber ablehnte. So musste er seinen Plan allein in Angriff nehmen.

Insgesamt zeigte das Vorgehen des Anklagten, dass er durch Angst und Schrecken den Wachposten und die Bürger in der Radefelder Straße zur Erfüllung seiner Forderungen zwingen wollte.

Bei der rechtlichen Würdigung folgte der Senat nicht der Auffassung der Staatsanwaltschaft, wonach das Handeln des Angeklagten in Bezug auf die Flugzeugentführung bereits das Stadium eines versuchten Terrorakts erreicht hat. Nach ständiger Rechtsprechung des Obersten Gerichts der DDR lag auch ein Versuch eines Terrordelikts erst dann vor, wenn der Täter mit Ausführung solcher Handlungen begonnen hat, die unmittelbar den Tatbestand erfüllen.

Zugunsten des Angeklagten schloss sich der Senat dem Gutachter OMR Prof. Dr. sc. med. Manfred Ochernal an, dass bei einer Blutalkoholkonzentration von 2,1 bis 2,3 mg/g eine im Sinne des Paragraphen 16 Absatz 1 StGB zweite Voraussetzung die Zurechnungsfähigkeit einschränkende alkoholische Beeinflussung vorgelegen hat, die sich hauptsächlich als Störung des Antriebs und damit in der Erhöhung der Risikobereitschaft des Angeklagten äußerte. Nach seinen eigenen Darstellungen neigte er aber schon immer unter Alkoholgenuss zu risikovollem Verhalten und zu einem aggressiven Auftreten gegenüber anderen Personen. Bei Kenntnis dieser Umstände musste das Gericht davon ausgehen, dass sich Helmut Cornelius schuldhaft in diesen die Zurechnungsfähigkeit mindernden Rauschzustand versetzt hat, so dass eine Strafmilderung wegen des Grades der alkoholischen Beeinträchtigung nicht erfolgen konnte.

Damit war das Verfahren aber keineswegs abgeschlossen. Der Verteidiger Dr. jur. Fritz Weise legte am 25. Juni 1981 Beschwerde (Berufung) gegen das Urteil hinsichtlich einiger Schadensersatzzahlungen ein. Die Beschwerde wurde am 17. November 1981 vom Obersten Gericht der DDR, 2. Zivilsenat, abgewiesen.

Das Urteil war seit dem 27. Juni 1981 rechtskräftig.

Im September 1987 entschied die Zentrale Amnestiekommission der DDR, dass Helmut Cornelius von der Amnestie ausgeschlossen wird, die für ihn eine Herabsetzung seiner lebenslänglichen Freiheitsstrafe auf 15 Jahre Freiheitsentzug bedeutet hätte.

Und wie endet die Geschichte?

Seit dem 22. Juli 1981 befand sich Helmut Cornelius zum Vollzug seiner lebenslänglichen Freiheitsstrafe in der Justizvollzugsanstalt Bautzen. In einem Kassationsverfahren wurde am 8. Mai 1991 das ursprüngliche Urteil durch das Bezirksgericht Chemnitz, 1. Strafsenat, geändert und Cornelius zu einer Freiheitsstrafe von 15 Jahren verurteilt.

Nach Auffassung der Richter (Herr Ignée, Vorsitzender Richter und Präsident des Bezirksgerichts, Frau Zezulka, Richterin, und Herr D'Alessandro, Richter) basierte das Urteil auf eine fälschliche Anwendung der Terrorparagraphen 101 und 110 StGB der DDR, denn eine solche Motivation lag beim Verurteilten zu keiner Zeit vor. »Die Anwendung der Terrorparagraphen durch das Bezirksgericht Leipzig stellt somit eine schwerwiegende Verletzung des Gesetzes dar, was zur Abänderung des mit der Kassation angegriffenen Urteils führen musste. In Wegfall zu bringen war gleichzeitig die Verurteilung wegen versuchten ungesetzlichen Grenzübertritts im schweren Fall (§ 213 StGB/DDR), da nach dem 6. Strafrechtsänderungsgesetz der DDR vom 29.6.1990 (GBl. Teil I, Nummer 39/1990, S. 526) diese Bestimmung nicht mehr existierte und nicht mehr mit Strafe bedroht ist. Der Antragsteller durfte daher nur wegen Mordes und versuchten Mordes in Tateinheit mit schwerem Raub und in Tateinheit mit unbefugtem Waffenbesitz zur Verantwortung gezogen werden.«

Und an anderer Stelle heißt es: »Für eine Einschränkung des Rechtes des Antragstellers auf Verteidigung nach dem Recht der DDR gab es anhand der Prozessakten keine Anhaltspunkte.«

Danach wurde ein Antrag auf Aussetzung des Strafrestes auf Bewährung gemäß Paragraph 454 StPO und 57 StGB gestellt. Zu diesem Antrag schrieb Helmut Cornelius am 5. Juni 1991:

*Seit dem 15.01.91 befinde ich mich in U-Haft, nach Verurteilung zu lebenslanger Freiheitsstrafe in Strafhaft in der StVE Bautzen II. Durch das Urteil des Bezirksgerichtes Chemnitz wurde die lebenslange Freiheitsstrafe durch Kassation in eine 15-jährige Freiheitsstrafe umgewandelt.*

*Während meiner andauernden Strafhaft habe ich mich intensiv mit meiner Handlungsweise in der Nacht vom 14.1. zum 15.1.1981 auseinandergesetzt. Ich verkenne nicht das Unrecht der Tötung des Polizeimeisters Gergaut sowie die Verletzung des Polizeimeisters Hartwig und bereue diese zutiefst. Im Laufe meiner Strafhaft ist mir bewusst geworden, dass die Verwirklichung eigenen Rechts in dem damaligen Unrechtssystem DDR seine Grenzen finden musste an dem Punkt, wo das Leben anderer Menschen sowie nach rechtsstaatlichen Grundsätzen unter den herrschenden Umständen schützenswerte Rechtsgüter verletzt wurden.*

*Durch Alkohol bedingt war die Steuerungs- und Kritikfähigkeit herabgesetzt, so dass die notwendige klare Erkenntnis, mein Handeln könne zum Tod der Polizeibeamten führen, nicht mehr mein Handeln bei der Abgabe der Schüsse bestimmte. Dies soll jedoch keine Rechtfertigung darstellen und keine Entschuldigung für den Tod eines Menschen sein. Ich habe Schuld auf mich geladen, habe mit dieser Last gelebt und muss es wei-*

*terhin tun, da diese Tat mein bisheriges Leben abrupt unterbrochen und verändert hat.*

*Zur bisherigen Strafverbüßung schätze ich ein, dass sie persönlichkeitsfördernd war. Gestellte Arbeitsaufgaben wurden von mir auftragsgemäß erledigt, oft über die gestellte Form hinaus. Damit schuf ich die Basis, um meinen Verpflichtungen wie Schadenersatz und Unterhalt nachzukommen.*

*In der langen Zeit meiner Haft wurden meine Zukunftsvorstellungen stets konkreter und realer. So kann ich heute sagen, dass ich die Lösung von Problemen nicht mehr mittels Alkohol oder Gewalt angehen werde. Ich kann einschätzen, das ausreichende Maß an Selbstvertrauen gewonnen zu haben, um mir ein normales, geordnetes Leben ohne Straftaten aufzubauen.*

*Weiterhin erhalte ich Hilfe durch einen Freund, wo die Zusage auf Wohnraum (…) und die Aussicht auf Beschaffung einer Arbeitsstelle gegeben ist. Näheres ist noch abzuwarten, da ich gegenwärtig auf Antwort von meinem Anwalt warte, der betreffs dieser Angelegenheiten Rücksprache führen wollte.*

Die Mitwirkung einer Rechtsanwaltskanzlei aus Köln ist in diesem Schreiben vor allen Dingen bei der rechtlichen Wertung auch nicht zu verkennen.

Am 15. Juli 1991 erhielt Helmut Cornelius das erste Mal Ausgang, der ihn auf das Leben außerhalb der Mauern der JVA vorbereiten sollte und tatsächlich auch vorbereitete. Am 31. Juli 1991 beschloss die Strafvollstreckungskammer des Kreisgerichts Bautzen durch ihren Vorsitzenden, den Direktor des Kreisgerichts Herrn Georgi, dass die Vollstreckung der Freiheitsstrafe nach Verbüßung von mehr als zwei Dritteln nunmehr zur Bewährung ausgesetzt wird. Die Bewährungszeit wurde auf viereinhalb Jahre festgesetzt. Er wurde am 7. August 1991 aus der Haft entlassen und für die Dauer von zwei Jahren der Aufsicht und Leitung eines zuständigen Bewährungshelfers unterstellt. Er wohnte bei einem Freund, der ihm auch half, einen Arbeitsplatz zu finden. Wo, das wissen wir nicht.

Wir wissen auch nicht, was aus Helmut Cornelius, dem Polizistenmörder, geworden ist. Seine Taten werden ihn aber immer verfolgt und zuweilen nicht mehr losgelassen haben.

Aber ist es nicht so, dass wir stets und überall die gleiche Last an Zukunft und Vergangenheit mit uns tragen?

## Vierzehn Messerstiche

### Berlin-Pankow. Dienstag, 21. September 1982

Hauptwachtmeister Lutz Lawrenz, 22 Jahre jung, versah am 21. September 1982 ab 14.30 Uhr seinen Streifendienst. Seine Dienststelle war die Volkspolizeiinspektion (VPI) des Stadtbezirks Berlin-Pankow, Revier 281, das sich in der Berliner Straße am S-Bahnhof Pankow befand. Die Streifentätigkeit bezog sich auf den Bereich Prenzlauer Promenade, Elsa-Brandström-Straße und Berliner Straße. Zu diesem Bereich gehörte auch die Trelleborger Straße. Um 21.15 Uhr hatte er an diesem Dienstag letztmalig Funkkontakt mit seinem Revier. Dann verlor sich seine Spur …

Um 22.31 Uhr rief Paul Wendel über Notruf 110 die VPI Berlin-Pankow an. Er hatte Hilferufe aus dem Innenhof des Hauses Trelleborger Straße 6 (Ecke Schonensche Straße) vernommen und schaute aus dem Fenster. Und er sah eine unbekannte männliche Person, die sich in Richtung Tordurchfahrt zur Trelleborger Straße bewegte. (Er konnte später die Person vage beschreiben.) Danach fand er im hinteren Teil des Hofes eine hilflos am Boden liegende uniformierte Person.

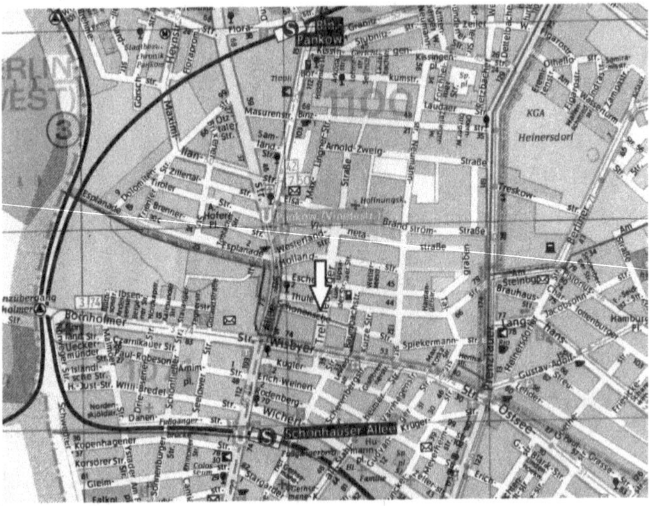


Karte mit Tatort Trelleborger Straße 6

Übersichtsaufnahme von der Straßenkreuzung in 1100 Berlin-Pankow, Trelleborger Straße/Schonensche Straße, in Blickrichtung des Wohnhauses Trelleborger Straße 6 (siehe Pfeil)

Teilansicht vom Wohnhaus Trelleborger Straße 6 in Blickrichtung Schonensche Straße. Pfeil 1 zeigt zur Durchfahrt Trelleborger Straße 6, Pfeil 2 zeigt zur Fundstelle des Uniformknopfes (Spur 57) am Gully.

Blick von der Durchfahrtstür zum Innenhof. Der Pfeil weist in Richtung der Fundstelle des Opfers.

Die kurz nach diesem Anruf in der Trelleborger Straße 6 eintreffenden Volkspolizisten identifizierten Lutz Lawrenz als das Opfer, und der Arzt des Rettungsdienstes konnte nur noch seinen Tod feststellen. In der späteren Obduktion wurden vierzehn Stichverletzungen und eine Schnittverletzung als Todesursache festgestellt.

In späteren Berichten gab man als Tatzeit 22.20 Uhr bis 22.30 Uhr an. Im Zusammenhang mit der Straftat wurde von mehreren Personen eine männliche Person beobachtet, zu der ein subjektives Porträt (heute Phantombild) und eine Teilpersonenbeschreibung erarbeitet werden konnte: circa 23 bis 28 Jahre, 170 bis 175 Zentimeter groß, sehr schlanke Gestalt, kreiselförmiger Kopf, markante Jochbeinpartie, kurzes dunkelblondes bis mittelbraunes Haar, vermutlich ohne Scheitel, wellig, nach hinten gekämmt, Ohren halb bedeckt, Stirn frei, gerader Haaransatz. Bekleidet war diese Person mit einer dunklen langen Hose (Jeans- oder Cordstoff) mit guter Passform und einer hellen Jacke (wahrscheinlich beigefarben, vermutlich Windjacke oder Strickjacke), mit einem dunklen Oberhemd mit offenem Kragen. Der junge Mann soll eine dunkle Umhängetasche (Leder oder Kunstleder) mit Schulterriemen (Größe A 4, hochkant) mit einer vorn aufgesetzten kleinen Außentasche mitgeführt haben. Gefahndet wurde auch nach der entwendeten Dienstwaffe des Hauptwachtmeisters, Pistole Makarow, Kaliber 9 mm, Nummer AY 5941, und acht Patronen. Es ist anzumerken, dass die Personenbeschreibung in verschiedenen Dokumenten variierte, was für diesen Bericht aber ohne Belang ist.

**EF II - Unbekannt**

FS 5724 u. 5737
vom 22.09.82

23 - 28 Jahre, sehr schlank, 170 - 175 cm, dunkelblondes bis mittelbraunes Haar,

Strickjacke, dunkles Oberhemd, dunkle Hose ( Jeans- oder Kordstoff ), Tasche mit Schulterriemen mit vorn aufgesetzter kleiner Tasche, Leder oder Kunstleder.

Subjektives Porträt und
Kurzpersonenbeschreibung

**Mord an einem Schutzpolizisten in Berlin-Pankow - EF I - Unbekannt -**

Das subjektive Bild der unbekannten männlichen Person wurde nach Angaben eines Zeugen gezeichnet, der das Gesicht nicht beschreiben kann.

Alter: 20 - 30 Jahre

Größe: 175 - 180 cm

schlanke Gestalt
(Es wird die sehr schlanke Gestalt hervorgehoben.)

Haar: kurz, wellig

Bekleidung:

dunkle Hose (Jeans oder Cord), Strickjacke

Die unbekannte Person trug eine Umhängetasche (Größe A 4) mit aufgesetztem Außenfach.
Die Umhängetasche wurde in der dargestellten Form links getragen.

Zum Schuhwerk liegen keine Angaben vor.

Subjektives Bild und Personenbeschreibung
für die Fahndung

Am 22. September 1982 wurde die Eilfahndungsstufe I nach Unbekannt für die Hauptstadt der DDR Berlin und die Eilfahndungsstufe II für die Bezirke Potsdam und Frankfurt (Oder) eingeleitet. Die weitere Bearbeitung erfolgte durch die BVfS Berlin, Abteilung IX/SK, Abteilung VII, AG XXII, die KD Pankow im Zusammenwirken mit der MUK des PdVP Berlin. Oberstleutnant der VP Hoell vom Stab im PdVP Berlin wies in einem Fernschreiben vom gleichen Tag weitere Maßnahmen an. Alle Wäschereien und chemischen Reinigungsbetriebe beziehungsweise deren Annahmestellen sollten beim Eingang von blutbefleckter Kleidung sofort die Volkspolizei informieren, alle Funkstreifenwagen und Boote der Wasserschutzpolizei wurden mit je einer Maschinenpistole ausgerüstet. Da die entwendete Waffe möglicherweise dazu benutzt werden sollte, die Staatsgrenze der DDR zu durchbrechen, gab es Abstimmungen mit den Grenzregimentern, der Transportpolizei und der Wasserschutzinspektion. Außerdem sollten alle einschlägig vorbestraften Personen, die durch Waffen- und Messerdelikte aufgefallen waren, überprüft werden.

Zum Täter wurde ausgesagt, dass es sich um eine clevere, kaltblütige und berechnende Person handelt, die ihr Reaktionsvermögen gut steuern kann. In einem Fahndungsfernschreiben des MfS, BV Berlin, vom 22. September 1982 heißt es: *die tatbegehung, dem opfer wurden mit einem spitzen werkzeug 14 Stiche in brust- und rueckenbereich beigebracht, laeszt auf eine entladung von hasz- und rachgefuehlen schlieszen. als moeglicher fluchtweg wurde bisher die schonensche str. in richtung schoenhauser allee/berliner strasze festgestellt.*

Die Personenbeschreibung war doch recht allgemein, so dass am 22. September 1982 gleich mehrere Personen zur Überprüfung der Täterschaft zugeführt wurden, aber eine Verbindung zu dem Tötungsverbrechen hatte sich in keinem Fall ergeben.

Zum Tathergang war nur so viel klar: Vermutlich wollte der Hauptwachtmeister eine Person auf der Trelleborger Straße kontrollieren und hatte, vielleicht schon nach einer heftigen Rangelei (dabei verlor er seine Schirmmütze und einen Uniformknopf), den Verdächtigen bis auf das genannte Grundstück verfolgt. Dort kam es zu einer tätlichen Auseinandersetzung, in deren Folge dem Opfer eine Vielzahl von Messerstichen beigebracht wurde. Von dieser blutigen Auseinandersetzung erhielten mehrere Zeugen durch die Hilferufe des Polizisten unmittelbar Kenntnis. Schon der zur Tatortuntersuchung hinzugezogene Gerichtsmediziner konnte feststellen, dass Lawrenz in der linken Brustseite mindesten zwei und im Rücken, im Bereich der Schulterblätter, mindestens sieben Stichverletzungen hatte. Durch den Mörder wurde die Dienstwaffe, Pistole Makarow, Kaliber 9 mm, Nummer AY 5941, von der Fangschnur abgeschnitten und entwendet, ebenso ein Magazin mit acht Patronen. Die Länge des an der Waffe verbliebenen Teils der Fangschnur betrug etwa 35 bis 40 Zentimeter.

Tatwerkzeug war ein einseitig schneidendes Messer mit einer Klingenbreite von 1,7 Zentimeter und einer Klingenlänge von mindestens zehn Zentimeter (kein Wellen- oder Sägeschliff); es konnte aber nicht aufgefunden werden. Auch der Einsatz des Fährtenhundes verlief erfolglos.

Man fand einige Gegenstände, die mit Sicherheit mit dem Mord in Verbindung gebracht werden konnten, eben die Schirmmütze des Opfers auf der Straße unter einem Pkw »Trabant« und einen Uniformknopf an einem Gully in der Trelleborger Straße.

Schirmmütze des Opfers (Spur 29)

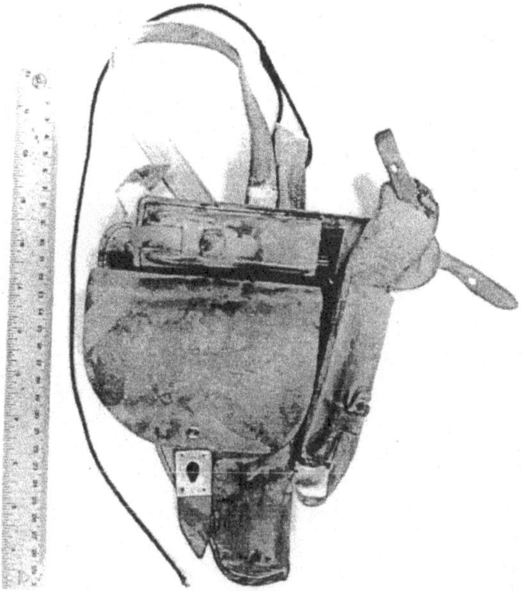

Leere Pistolenunterschnalltasche mit einer Magazintasche und einem Magazin mit acht Patronen und einer leeren Magazintasche. In der leeren Magazintasche soll sich die Führungskette befunden haben.

Lage der Schirmmütze unter dem Pkw »Trabant«. Pfeil 1: Fundort der Uniformmütze, Pfeil 2: Fundstelle der daktyloskopischen Spur Nummer 1

Fundstelle der Schirmmütze mit Blick zur Toreinfahrt Trelleborger Straße 6. Der Pfeil weist auf die Fundstelle des Haares (Spur 15) an der Stoßstange des Pkw »Trabant«.

Am 24. September 1982 erschien auch in der Berliner Tagespresse ein Aufruf an die Bevölkerung unter der Überschrift »Wer kann Hinweise über den Täter geben?«. Darin wurde die Bevölkerung aufgerufen, durch Hinweise die Untersuchung an dem Mord an einem 22-jährigen Schutzpolizisten in Berlin-Pankow am 21. September 1982 zwischen 21.15 Uhr und 22.30 Uhr aktiv zu unterstützen. Die Fragen waren: »Wer hat zur angegebenen Zeit den Schutzpolizisten im Bereich der Arnold-Zweig-Straße/Trelleborger Str./Thulestr./Schonensche Straße bei der Ausübung seines Dienstes, zum Beispiel bei der Kontrolle oder Verfolgung von Personen und Fahrzeugen gesehen? Wer kennt oder hat vor bzw. nach der Tat einen Mann gesehen, auf den die folgende Beschreibung zutrifft? Alter: 20–30 Jahre, Größe:

175–180 Zentimeter, schlanke Gestalt, welliges Haar. Wer hat andere verdächtige Umstände wahrgenommen oder Personen beobachtet, die im Zusammenhang mit diesem Verbrechen stehen können?«

Ebenfalls am 24. September 1982 konnte nach intensiven Fahndungsmaßnahmen der Bürger Olaf Rühmer, geboren 1963 in Görlitz, auch dort wohnhaft, in Berlin ermittelt und auf der Grundlage eines Haftbefehls des Kreisgerichts Görlitz wegen Verletzung von gerichtlichen Maßnahmen gemäß Paragraph 238 StGB verhaftet werden. Seine erste Vernehmung am 25. September 1982 fand in den Räumen der Branduntersuchungskommission (BUK) im PdVP Berlin statt, die Vernehmer waren Oberleutnant der K Löschner und Oberleutnant der K Oelschlägel von der Morduntersuchungskommission Berlin. Darüber liegen drei Vernehmungsprotokolle vor, vom 25. September 1982 von 17.09 Uhr bis 17.58 Uhr, vom 26. September 1982 von 2.30 Uhr bis 6.30 Uhr und vom 26. September 1982 von 15 Uhr bis zum 27. September 1982 4 Uhr.

Auch der Leiter der MUK Major Wrobel nahm zeitweise an der Vernehmung teil, ebenfalls Oberstleutnant der K Beidokat, der stellvertretende Leiter der Kriminalpolizei im PdVP Berlin. Noch in den Räumen der BUK wurde Rühmer von einem Arzt untersucht, da der Festgenommene stark zitterte und es den Anschein hatte, er würde jeden Moment ohnmächtig werden. Die Vernehmung führte man danach im Stützpunkt der Untersuchungsabteilung IX der BV Berlin im Präsidium der Volkspolizei fort. Aber schon in der Vernehmung durch Mitarbeiter der MUK hatte Olaf Rühmer ein reichlich ungenaues Geständnis abgelegt.

Als die Verbringung zum Stützpunkt der Abteilung IX erfolgen sollte, bat Rühmer Major Wrobel um ein Gespräch unter vier Augen …

Drei Kriminalisten der Untersuchungsabteilung des BVfS Berlin vernahmen Olaf Rühmer dann stundenlang in ihren Räumen im PdVP Berlin zur Mordsache Lawrenz, teilweise wurde die Befragung auf Tonbandkassette aufgezeichnet. Allerdings war auch die Folgevernehmung wie die ersten nicht ganz fachgerecht, wie sich später erweisen sollte.

Jedoch ernteten die MfS-Kriminalisten nun auch Lob vom Beschuldigten, denn laut einem Tonbandprotokoll vom 7. Januar 1983 über diese Vernehmung sagte Rühmer: »Ich möchte Ihnen nichts vormachen, Sie sind in Ihrem Fach Spitze. Sie haben mehr Kenntnisse als ein Laie, das ist auch vollkommen klar …« Worauf der Vernehmer interessanterweise antwortete: »Ich habe Psychologie und alles so was, was man dazu braucht, Pädagogik mit 1 abgeschlossen. Ich traue mir zu, jemanden ein bisschen einschätzen zu können.« Dies aber nur am Rande.

In den Vernehmungen am 25. und 26. September 1982 bei der MUK und später bei der Abteilung IX machte Rühmer jedenfalls in allgemeinster Form Aussagen darüber, einen Volkspolizisten am 21. September 1982 in den Abendstunden in Berlin-Pankow durch Messerstiche getötet und dessen Dienstwaffe entwendet zu haben. Diese globalen Tatbekenntnisse gingen von Anbeginn mit mehrfachen Widerrufen einher. Am 26. September 1982 legte er sogar ein schriftliches Geständnis ab, das wir unverändert (einschließlich der Orthographie und Grammatik) abdrucken. Die von ihm gestrichenen Passagen sind hier ebenfalls durchgestrichen markiert, (…) steht für Auslassungen von Passagen, die entweder anonymisiert (bei den Personen L., F. und Sch.) oder unleserlich sind:

*Geständnis*

*Am 21.09.1982 gegen 22.00 Uhr, hatte mich ein Mitarbeiter der Deutschen Volkspolizei um mein Ausweis gebeten.*

*Er sagte: »Guten Abend Deutsche Volkspolizei«, Name Dienstgrad, »könnte ich mal bitte Ihr Ausweis sehen.«*

*Ich grieff in meine Tasche und tat so als wenn ich in rausholen wollte. Da sich der Mann umgedreht hatte, ergriff ich sofort die Flucht. Er schrie mir nach: »Halt bleiben sie stehen, halt«.*

*Ich mahmn von seinen Wörtern keine Notiz und rannte weiter aus der Richtung aus der ich gekommen bin.*

*Kurz darauf bekamm er mich zum greifen.*

*Es gab ein kurze Auseinandersetzung, die aber rein wörtlich erst waren. Er forderte von mir nochmals in aller Höflichkeit auf den Ausweis zuzeigen. Dies habe ich wiederum verweigert, weil mir im klaren war, das ich sofort mitgenommen werde.*

*Er grieff mir unter den den linken Arm und und sagte zu mir: »Kommse mit zum Polizeirefier, dort werden sie schon den Ausweis zeigen. Machense keene Dummheiten, sonst passirt was.«*

*Mit aller Gewalt versuchte ich mich nun aus seiner Hand zu befreien. Dies schien mir im ersten Moment zu mißlingen. Ich ging ein Stück mit ihm mit, und die Gelegenheit, die ich hatte, aus seiner schon etwas lockeren Klemme heraus zi kommen und erneut die Flucht zu ergreifen, nutzt ich auch aus, und setzte sie in die Tat um. Wieder folgte er mir mit einem relativ schnellen Tempo, so das er mir schon nach kurzen Schritten erneut ein holte. Dieses Ereigniss spielte sich auf der mir mit Straßennahmen unbekannten Straße ab.*

*Ich konnte in Haus flüchten, wo es zu diesem Zeitpungt im Hause dunkel war.*

*Ich drückte die Haustür von innen zu, und holte mein Messer aus dem linken Schuh hervor.*

*Dieses Messer hatte ich seit dem letzten Treff mit den Herrn L(…); Seine genaue Anschrift ist:*

*(…) L(…)*
*7560 Guben (Bez. Cottbus)*
*(….)*

*Dieses Messer ist in etwas 35–40 cm und hat eine Klinge von 25–30 cm. Der Griff ist aus Holz und hat ein etwas ovale Klingenspietze.*

*Mit diesem Messer, was ich nun, wie oben beschrieben habe, wollte ich im äussersten Notfall auf den Poliziesten sofort eingehen und ihn, sofort zu Boden bringen, hätte er noch die Tür aufbekommen, wenn ich dagegen getrügt hatte.*

*Im letzten Augenblick gab es für mich die Möglichkeit, in den Hof der sich gleich an dem alten Haus befand, zufliehten und eventuell eine Fluchtmöglichkeit auf eine andere Seite oder gar auf eine andere Straße zu gelangen. Kurz entschlossen rannte ich los.*

~~*In diesem Geständnis hängt noch ein zweiter Mann darin, der mir zu all diesen Lügen geraten hatte, wo ich Geld bekamm und die Drohung erhilt, nichts über Ihn zu erzählen.*~~

*Ich rannte in die ausgewählte Richtung, die ich als sehr angebracht angesehen habe.*

*Der Innenhof dieses Hauses war relativ groß und hatte zudem noch 2 Eingänge.*

*Auf dem Hof stand ein Motorrad, Aschentonnen und ein aus Beton gefertigte Behältnis indem Grünpfanzen waren. Unter den Wort Grünpfanzen ist nur das Wort Gras zu entnehmen.*

*Das Behältnis war rund und hatte Ornamente darin. Von weiten konnte mann auf eine Pfanzenschale hin weisen.*

*Weiter zu meiner Straftat.*

*Auf dem Hof ging die Verfolgung weiter, wo mich auch die Polizist faste.*

*Da ich nun das Messer in der Hand hatte fing ich ihn an zu befrohen.*

*Er wollte mit das Messer aus der Hand nehmen.*

~~*Ich hab mit der*~~

*Ich hatte mich gewehrt und stach dann zu. Er brach zusammen und stöhnte.*

*Zu dem genaueren Sachverhalt im Konfligt mit dem*

*Polizisten Habe ich bereits auf Band den genauen Ablauf geschildert, und es wurde auch auf Protokoll gesehn.*

*Zu dem Sachverhalt mit er Pistol kann und muß ich erst völlig mein Inneres überwinden, was ich nur mit Hilfe von den Vernehmern erreichen kann die mich bis jetzt vernommen haben. Ich möchte es allzu gern sagen, aber die Angst vor irgend etwas ist zu groß.*

*~~Die Pistol (…) sich in Weissensee (…)~~*

*~~Die in Richtung Neubaugebiet~~*

*~~Die Pistol (…)~~*

*~~Die Pistol habe ich (…)~~*

*Die Pistole ist*

*(…) L(…) hat mich auf Grund meiner Probleme, die ich mit dem Elternhaus hatte, zu einen seiner ehemaligen Truppenkameraden geschigt.*

*Beide dienten wohl bei der NVA in der Luftstreitkräfte. Der Herr von der MfS erklärte mir, ich solle zurück fahren was ich auch versuchte.*

*Doch imm Versuch bleibt es stecke, denn:*

*Erpressung von Seiten L(…) aus,*

*(Brief übergeben ging an West Berlin)*

*Danach nach (…) mit einem von West Berlin getroffen, wieder übergeben von Brief*

*Danach mit Päckchen und sogar mit Kugelschreiber übergeben.*

*Ich wollte zur Staatssicherheit aber keiner erkannte mich.*

*F(…) und Sch(…) Inhaber eines Verkaufsstandes am WB.*

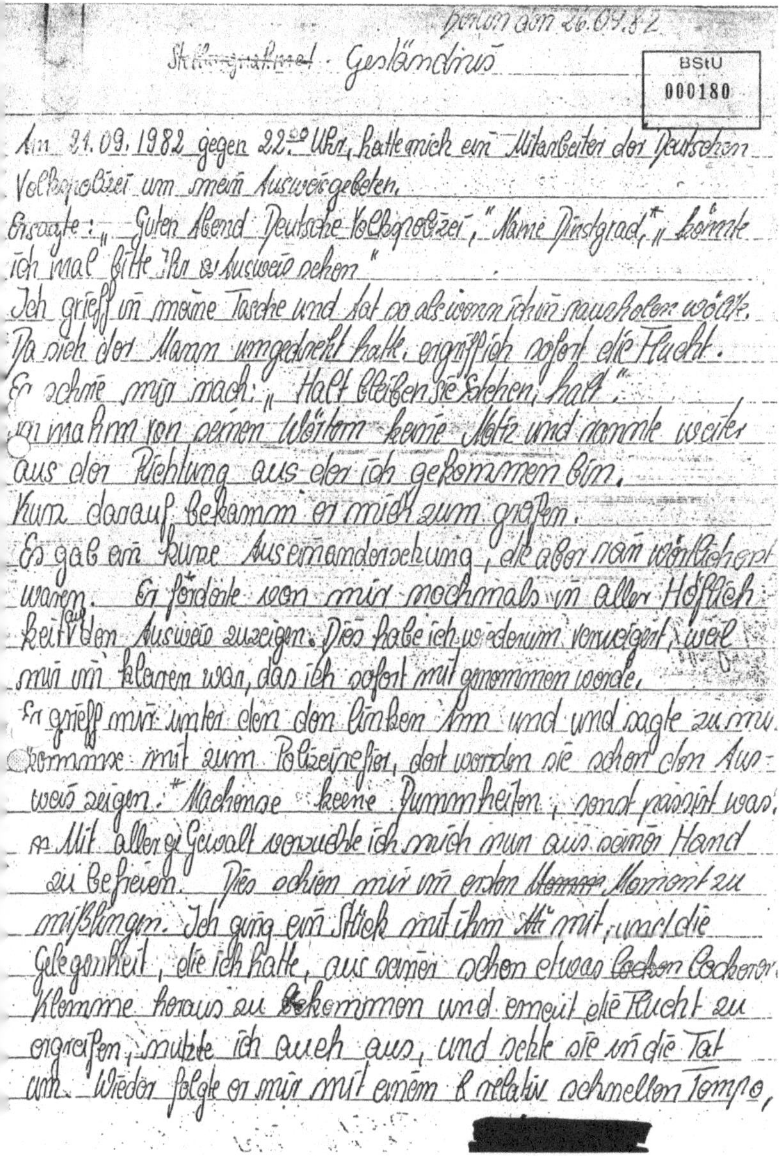
Berlin, den 26.09.82

~~Stellungnahme~~ Geständnis

BStU
000180

Am 21.09.1982 gegen 22.00 Uhr, hatte mich ein Mitarbeiter der Deutschen Volkspolizei um mein Ausweis gebeten.
Er sagte: „Guten Abend Deutsche Volkspolizei", "Name Dienstgrad"*, „könnte ich mal" bitte Ihr ~~a~~ Ausweis sehen"
Ich griff in meine Tasche und tat so als wenn ich ihn rausholen wöllte.
Da sich der Mann umgedreht hatte, ergriff ich sofort die Flucht.
Er schrie mir nach: „Halt bleiben sie stehen, halt".
Ich nahm von seinen Wörtern keine Notiz und rannte weiter aus der Richtung aus der ich gekommen bin.
Kurz darauf bekamen er mich zum greifen.
Es gab ein kurze Auseinandersetzung, die aber nur wörtlicher Art waren. Er forderte* von mir nochmals in aller Höflichkeit auf den Ausweis zuzeigen. Dies habe ich wiederum verweigert, weil mir im klaren war, das ich sofort mit genommen werde.
Er griff mir unter den den linken Arm und und sagte zu mir: kommse mit zum Polizeirevier, dort werden sie schon den Ausweis zeigen." Machense keine Dummheiten, sonst passiert was.
Mit aller ~~gi~~ Gewalt versuchte ich mich nun aus seiner Hand zu befreien. Dies schien mir im ersten ~~Mom~~ Moment zu mißlingen. Ich ging ein Stück mit ihm ~~A~~ mit, und die Gelegenheit, die ich hatte, aus seiner schon etwas ~~locker~~ lockerer Klemme heraus zu ~~be~~kommen und erneut die Flucht zu ergreifen, nutzte ich auch aus, und setzte sie in die Tat um. Wieder folgte er mir mit einem ~~R~~ relativ schnellen Tempo,

[redacted]

Erste Seite des fünfseitigen »Geständnisses«

Zu seinen permanenten Ängsten finden sich in den Protokollen mehrere Hinweise. Aufgrund seiner Jungenhaftigkeit und Homosexualität habe Olaf Rühmer, so seine Aussage in der allerersten Vernehmung, ständig Angst, durch betrunkene Personen belästigt, durch mehrere Personen angegriffen oder durch die Polizei kontrolliert zu werden.

Am 27. September 1982 wurde Olaf Rühmer zur weiteren Prüfung der eventuellen Täterschaft in der Mordsache Lawrenz von der Untersuchungsabteilung des BV des MfS Berlin offiziell übernommen, gegen ihn am 11. Oktober 1982 ein Ermittlungsverfahren wegen Verdachts des Mordes gemäß Paragraph 112 StGB eingeleitet. Auch das gesamte Ermittlungsverfahren gegen Unbekannt in dieser Sache übernahm am 4. Oktober 1982 die BVfS Berlin.

Im Ergebnis einer forensisch-psychiatrischen und forensisch-psychologischen Beurteilung konnte festgestellt werden, dass es sich bei Olaf Rühmer um eine erheblich fehlentwickelte Person mit einer manifestierten abnormen Lügensucht und krankheitswertig gestörter Aussageehrlichkeit handelt. Die Beurteilung vom 16. Februar 1983 wurde von der Sektion Kriminalistik der Humboldt-Universität zu Berlin erarbeitet, und zwar von OMR Prof. Dr. sc. med. Manfred Ochernal und Dr. Heinz-Joachim Wolf, Diplompsychologe. Sie hatten über bewusste und ungewollte Erziehungsfehler referiert und dann wörtlich ausgeführt:

*Auf alle Fälle ist das deutlich erhöhte Geltungsbedürf-*

*nis, d. h. also das Bedürfnis nach Beachtung, nach Zuwendung, als Kompensation einer in der Kindheit und späteren Jugendzeit vom Beschuldigten so erlebten mangelhaften Zuwendung und für ihn sich als mangelhaft darstellenden Aufmerksamkeit gegenüber seiner Person zu verstehen.*

*Auch die als abnorm bei ihm deutlich auffällig gewordene und über die Jahre manifestierte abnorme Lügensucht und auch das Weglaufen von zu Hause usw. sind Teil dieser Kompensationsversuche von ihm, sich selbst aufzuwerten, auf sich aufmerksam zu machen, vermeintlich fehlende elterliche Liebe und Zuwendung zu erzwingen, als eventuell kleiner noch kindlich wirkender junger Mann sich der Umwelt eben nicht als solcher, sondern als gewichtiger, bedeutender, zu fürchtender Mensch darzustellen. So kann man den Beschuldigten durchaus als Pseudologisten bezeichnen, denn mit pseudologia phantastica wird klassischerweise das spielerische Erfinden von Lügen bezeichnet, die zum Teil »selbst geglaubt« werden und die dazu dienen, die Persönlichkeit (das Ich) des Betreffenden zu erhöhen und teilweise die vermeintlich versagte Zuwendung zu erzwingen oder Bewunderung bzw. auch Mitleid zu erreichen. Letztlich wird aber auch die eigene Person in erwünschter angenehmer Weise für bestimmte Zeiten selbst getäuscht.*

*So ist es nicht uninteressant zu hören, dass der Beschuldigte auf die Frage des Sachverständigen, warum er lüge, wörtlich gesagt hat: »Um, dass ich mich höher erhebe, als das ich bin.«*

*Die Aussagefähigkeit und die Aussagewilligkeit des Beschuldigten Olaf Rühmer sind durchaus gegeben, aber aufgrund der geschilderten Anomalie seiner Persönlichkeitsentwicklung in Richtung der abnormen Lügensucht ist eben seine Aussageehrlichkeit krankheitswertig gestört, wobei allerdings als zusätzliche Komplikation hinzukommt, dass der Beschuldigte (bei aller Spielerei) sein Schutzbedürfnis absichert und letztlich sehr genau weiß, dass er auch andererseits nicht so weit gehen kann, sich selbst über Gebühr zu schaden.*

Die Aussagen von Olaf Rühmer, 1963 in Görlitz geboren, zur Tatzeit also 19 Jahre alt, ohne erlernten Beruf, in Görlitz wohnhaft, bestätigen die Einschätzungen der Wissenschaftler. Mehrfach wurde er zu den ersten Aussagen befragt, in denen er ja vage den Mord an einem uniformierten Polizisten in Berlin-Pankow gestanden hatte. In der Beschuldigtenvernehmung am 25. September 1982 sprach er davon, dass er in Berlin-Pankow von einem Volkspolizisten in Uniform einer Ausweiskontrolle unterzogen wurde. Rühmer sagte, dass er wegrannte. »Da er mich jedoch eingeholt hatte und mich festhielt, zog ich ein Messer.« Auf eine Zwischenfrage nach dem Aufbewahrungsort des Messers erklärte er: »In meinem linken Hosenbein.«

In seiner Vernehmung am 31. Januar 1983 sagte er dazu, dass diese Aussage von ihm »ausgesponnen« war. Da er unbedingt zur Staatssicherheit kommen wollte, hatte er zunächst den »untauglichen Versuch« gemacht, durch eine erfundene Geschichte über Schmuggel und seinen Beziehungen zu Westberlinern von der Kriminalpolizei wegzukommen, da er von einem Kumpel wusste, »dass sich die Staatssicherheit um alles kümmert, was mit dem ›Westen‹ zu tun hat«. Aber die Geschichte führte bei den Ermittlern der Kriminalpolizei nicht zu dem Ergebnis, dass er der Staatssicherheit übergeben wurde. Deshalb habe er versucht, durch ein Geständnis zum Polizistenmord, über den er unter anderem aus Zeitungen Kenntnis hatte, doch noch dieses Ziel zu erreichen. »Ich dachte mir dabei, dass solch eine Straftat außergewöhnlich und ein ›brennender Punkt‹ wäre, um den sich sofort die Staatssicherheit kümmert.«

Die weiteren Details seines ausgedachten Mordes fielen ihm dann ein, als die Kriminalisten nach weiteren Einzelheiten der Handlung fragten. »Meine Aussagen über das Tötungsverbrechen an dem Volkspolizisten haben sich entwickelt ›wie ein fortlaufender Film‹, wo man vorausgreifen kann, was in den nächsten Minuten passieren wird. Dieser Film hat folgenden Grundinhalt: Ein Mann hat ein Messer, wird gesucht, rennt weg, Polizist hinterher, Mann zieht Messer und erwehrt sich.«

Verschiedene Bausteine seiner Aussage hatte Olaf Rühmer aus den weiteren Fragestellungen und Vorhalten des Untersuchungsführers entnommen. Daraus habe er Stück für Stück den »Faden gesponnen«. Zum Beispiel wurde er vom Vernehmer gefragt, wo die Tat geschah. Dabei wurden in der Fragestellung drei verschiedene Möglichkeiten – Hof, Straße, Hausflur – genannt. Daraus habe Rühmer sofort den Hof als Ort des Geschehens entnommen. Die Straße war zu gefährlich wegen der Passanten und so weiter, der Hausflur schied für ihn aus, da er schon ausgesagt hatte, er wäre durch den Flur gelaufen. Also blieb nur der Hof übrig.

In den Septembervernehmungen hatte Rühmer ausgesagt, dass er dem Polizisten zweimal in den Oberkörper stach. Der Polizist fiel hin, und er stach mit geschlossenen Augen einfach weiter. Auch hier hatte er den Fragen entnommen, dass mehrfach zugestoßen worden war. Außerdem wollte er mit dieser Aussage glaubhaft darstellen, dass er bei der Tat »blind durchgedreht« war und deshalb weitere Einzelheiten nicht nennen konnte.

Dann sei er bei diesen Vernehmungen im September gefragt worden, ob dem Polizisten etwas gefehlt hat. Aus dieser Frage schlussfolgerte der Beschuldigte, dass dem Polizisten etwas fehlen müsste. Nach seiner Einschätzung konnte es nur die Pistole sein, weil das das Wertvollste ist, was ein Polizist beim Streifengang bei sich führt. Und Olaf Rühmer gab an: »Ich glaube kaum, dass mir diese Frage gestellt worden wäre, wenn beispielsweise die Mütze gefehlt hätte.«

Und so ging die Zurücknahme seiner Aussagen immer weiter. In diesen Septembervernehmungen sagte Rühmer wörtlich: »Ich hörte auf einmal Stimmen im Hof und ging nach vorn. Dort sprach mich auch ein Mann an. Dieser fragte mich, was dort losgewesen sei, und ich sagte ihm, dass alles in Ordnung sei, es wäre eine kleine Meinungsverschiedenheit gewesen. Dann verließ ich den Hof und rannte weg.«

Auch für diese Aussagen hatte Rühmer im Januar

1983 eine passable Erklärung. Er hatte aus der Fragestellung herausgehört, dass es so gewesen sein muss. Außerdem wurde er gefragt, ob der Mann etwas gesagt hat, und wenn er etwas gesagt hat, was. Also konnte dieser Mann nur durch den »Tumult« auf dem Hof aufmerksam geworden sein. Aus diesem Grund erschien es Rühmer logisch, dass er nur gefragt haben konnte, was hier los sei. So einfach waren seine Erklärungen.

Rühmer schluchzte und bewegte sich krampfhaft, als er am 25. September 1982 sein (falsches) Geständnis ablegte. Danach befragt, wie denn diese körperlichen Reaktionen zustande gekommen waren, konnte er sich das nur erklären, dass er sich in der damaligen Situation bewusst geworden ist, dass es »wieder in den Kahn geht«. Er war erschüttert darüber, dass er nach drei Wochen Leben außerhalb einer Haftanstalt schon wieder festgenommen worden war. In dieser Situation empfand er so etwas wie »Heimweh«, womit er zum Ausdruck bringen wollte, dass er am liebsten zu Hause in der gewohnten Umgebung gewesen wäre. »Diese heutige Erklärung stellt aber nur einen Teil der Erklärung für mein damaliges Verhalten dar. Über den anderen Teil, weshalb ich so reagierte, besitze ich selbst keine Klarheit und bin mir dessen nicht bewusst. Deshalb kann ich zu diesem anderen Teil auch keine Aussagen machen.«

Auch nach der Übergabe des Verfahrens an die Untersuchungsabteilung des MfS hatte Rühmer in weiteren Beschuldigtenvernehmungen gestanden und widerrufen, obwohl er ja bei der Kriminalpolizei ausgesagt hatte, dass er mit seinem Geständnis nur das

Ziel hatte, der Staatssicherheit übergeben zu werden. Auf diesen Widerspruch aufmerksam gemacht, ruderte Rühmer vor und zurück. Er hatte zunächst beim MfS versucht, die Vernehmer davon zu überzeugen, dass er diesen Mord nicht verübte, er also nicht der Täter ist. Das glaubte man ihm nicht, und um seinen »guten Willen« zu zeigen und damit die Strafe nach diesen ganzen »Geständnissen« nicht so hoch ausfallen würde, habe er mehrfach neue Geständnisse abgelegt. Aber diese Strategie konnte er nicht durchhalten, weil er ja im Wesentlichen nur das wiederholen und ausschmücken konnte, was er bis zum 27. September 1982 ausgesagt hatte. »Den tatsächlichen Tatort und den Verbleib der Pistole«, so sagte er laut Protokoll, »hätte ich ja nicht benennen können, wodurch auch mein ›guter Wille‹ wieder nicht glaubhaft war. (…) Zurzeit glaube ich, dass ich erzählen kann, was ich will, und mir keiner mehr glaubt. Ich rechne auch jetzt noch damit, verurteilt zu werden.« Zumal ihm wieder gesagt worden war, dass es eine Reihe von Beweisen gibt, die seine Täterschaft belegen. Die gab es aber nicht, und die konnten so dem Beschuldigten nicht vorgelegt werden.

Und was hatte damals der Leiter der MUK, Major Wrobel, zu seinen Mitarbeitern gesagt, nach dem Vier-Augen-Gespräch mit dem verdächtigen Olaf Rühmer, kurz bevor die Sache an das MfS übergeben wurde? »Er war's nicht, sein Geständnis hatte nur den Zweck gehabt, zum Ministerium für Staatssicherheit zu kommen.« Wie recht er doch hatte!

Das Ermittlungsverfahren gegen Olaf Rühmer wegen

Verdachts des Mordes war vom Generalstaatsanwalt Berlin gemäß Paragraph 148 Absatz 1 Ziffer 1 StPO der DDR eingestellt worden, weil sich die Beschuldigung oder der Verdacht einer Straftat, so der diesbezügliche Gesetzestext, nicht als begründet erwiesen hatte. Die geführten Untersuchungen gegen Olaf Rühmer erbrachten keinerlei Beweistatsachen für seine Täterschaft. Auch mit kriminaltechnischen Untersuchungsergebnissen war der Beweis nicht zu führen.

Unabhängig von dieser Entscheidung stand Olaf Rühmer im hinreichenden Tatverdacht der Verletzung von gerichtlichen Maßnahmen (Paragraph 238 StGB) und des verbrecherischen Diebstahls und Betrugs zum Nachteil persönlichen Eigentums gemäß Paragraph 181 StGB. Diese Ermittlungen wurden folglich weitergeführt.

Interessant am Fall Olaf Rühmer ist, dass das Ergebnis kriminalistischer Ermittler nicht wahrheitsgemäße Aussagen waren. Unter diesen Falschaussagen nehmen die falschen Geständnisse und falschen Anschuldigungen einen besonderen Platz ein, weil es dann immer Unschuldige trifft.

Mit falschen Geständnissen muss aber immer gerechnet werden. »Die Auffassung, dass der normale Mensch durch ein falsches Geständnis sich selbst schaden würde und demzufolge Geständnisse in aller Regel (bis auf pathologische Ausnahmen, vornehmlich bei depressiven Zuständen) der Wahrheit entsprächen, ist auch gegenwärtig noch nicht überwunden«, schrieb der bekannte Jurist und Kriminalpsychologe Prof. Dr. Axel Römer schon 1984. »Diese zunächst plausibel erscheinende psychologische Erwägung, von der man geneigt ist bei der Beurteilung eines Geständnisses auszugehen, vermag jedoch nicht die ganze Kompliziertheit der Motivation menschlichen Handelns widerzuspiegeln und ist deshalb in dieser Absolutheit falsch. Der tatsächliche oder vermeintliche Vorteil aus einem falschen Geständnis kann in den Augen eines Beschuldigten den Schaden, den dieses Geständnis mit sich bringt, weit überwiegen, so dass er das ›kleinere Übel‹ wählt. Da die Antriebe zur Selbstbezichtigung überaus verschiedenartig sein können, nennen wir nur einige, die besonders typisch sind.«

Es gibt tatsächlich heute noch Sachverständige, die falsche Geständnisse einfach ignorieren. Im Buch des Gerichtsmediziners Gerhard Bundschuh über spektakuläre Fehlurteile gibt es im Fall »Die Lüge« sogar einen Psychiater als Gutachter (!), der es für generell unwahrscheinlich hält, dass ein Unschuldiger einen Mord gesteht. Natürlich sind falsche Geständnisse eine Ursache für Fehlurteile. Doch dass es auch für Mord- und Totschlagsdelikte unrichtige Geständnisse gibt, scheint vielen Juristen, wenn sie kriminalistisch und psychologisch schlecht ausgebildet sind, unbekannt zu sein. Aus den Fehlurteilen der vergangenen Jahrzehnte will einfach keiner lernen …

»Wenn ein Mörder ein Geständnis ablegt, so geschieht es fast ausnahmslos entweder ganz einfach deshalb, weil er Vorteile davon erwartet, oder weil er in seinem

Herzen die Berechtigung der Strafe anerkennt«, lesen wir schon 1925 in Andreas Bjerres kriminalpsychologischen Studien. Das setzt voraus, dass er auch wirklich der Mörder ist. Ähnliches kann auch oft von einem Unschuldigen behauptet werden, der ein falsches Geständnis ablegt – er erhofft sich Vorteile und sieht sein bisheriges Leben äußerst kritisch oder gar verpfuscht, so dass er irgendwie für alles bestraft werden muss. Römer verweist noch auf andere Ursachen für Selbstbezichtigungen. Insbesondere bei jungen Menschen spiele Renommiersucht eine gewisse Rolle bei der Abgabe falscher Geständnisse – wie bei Olaf Rühmer. »Bekannt sind ferner Fälle der Selbstbeschuldigung, die von dem Wunsch hervorgerufen werden, die sich in die Länge ziehenden Ermittlungen abzukürzen, wenn der Beschuldigte den Glauben an die Möglichkeit verloren hat, seine Schuldlosigkeit unter Beweis zu stellen, und mit der Ungewissheit der Situation ein Ende machen will.«

Das könnte auch im Fall Olaf Rühmer ein zusätzlicher Faktor für das falsche Geständnis gewesen sein. Es ist offenbar versäumt worden, in jedem Stadium der Vernehmung die erlangten Aussagen einer kritischen Wertung zu unterziehen. »Die Wahrheitserforschung fordert, dass keineswegs leichtfertig an die Aufgaben herangegangen wird und schon der leiseste Verdacht entsprechende Prüfungshandlungen initiieren sollte«, schreibt Axel Römer weiter.

Schließlich ist dieser Fall auch ein Paradebeispiel für unzweckmäßig vorbereitete und durchgeführte Vernehmungen, denn es gibt unter dem Gesichtpunkt der Beweisführung nichts Schlimmeres, als dem Vernommenen Tatbestandsmerkmale wie Orte, Zeiten, Handlungen und so weiter direkt oder indirekt zu übermitteln oder zu suggerieren. Olaf Rühmer war intelligent genug, sein falsches Geständnis aus diesen Bausteinen überzeugend zu begründen.

Man ermittelte mit hohem Aufwand weiter, immer noch in der Hoffnung, den Täter zu finden. Im Dienstzimmer des Leiters des Referats 3 der Hauptabteilung Kriminalpolizei fand am 21. Januar 1983, als sich schon abzeichnete, den Falschen verdächtigt zu haben, eine hochrangige Beratung zum Stand der Analyse des Untersuchungsmaterials in der Mordsache Lutz Lawrenz statt, die von Oberstleutnant der K Grieschat geleitet wurde. Teilgenommen hatten auch die Ermittler der Hauptabteilung Untersuchung des MfS und der BVfS Berlin. Bemängelt wurde, dass zwar fünfzig allgemeine Prüfungsrichtungen herausgearbeitet worden waren, bei denen man aber nur eine unvollständige Untersuchung erkannte. Auch die im ersten Angriff geführten Ermittlungen zu Wahrnehmungen im Tatortbereich (angrenzende Häuser und Straßen) waren, so die Experten, in ihrem Ergebnis zu ungenau. Insbesondere wurden anfangs nicht angetroffene Personen nicht wieder aufgesucht. Vier Untersuchungsmaßnahmen sollten nun unverzüglich realisiert werden: Ermittlungen in der Gaststätte *Taverne*, weitere Vernehmungen von VP-Angehörigen, die sich am Fundort der Leiche befunden hatten, Ermittlungen zur Gruppierung Parkanlage Baumbachstraße (dort hatten sich am Abend des 21. September 1982 dreizehn Jugendliche aufgehalten) und Maßnahmen im kriminaltechnischen Bereich. So wurde kritisiert, dass noch keine fotografisch-topografische Dokumentation der Bekleidung und der mitgeführten Gegenstände des Opfers mit genauer Kennzeichnung textiler Verletzungen, anderer Veränderungen und der gesicherten Spuren, ausgehend von der Körpergröße des Opfers, vorlag.

Am 10. März 1983 schickte der Leiter der Fahndungsführungsgruppe des MfS, Oberst Ulbrich, ein Schreiben an alle Leiter der Diensteinheiten zu politisch-operativen Maßnahmen zur Aufklärung des Tötungsverbrechens. Allen zuverlässigen und geeigneten IM/GMS sollten nun das subjektive Porträt und die Teilpersonenbeschreibung vorgelegt werden. Ulbrich verwies zudem auf einen Fragespiegel.

**Mord an einem Schutzpolizisten in Berlin-Pankow
am Dienstag, dem 21. 09. 1982**

Das subjektive Bild der unbekannten männlichen Person wurde nach Angaben von Zeugen gezeichnet.

Alter: 20 – 25 Jahre

Größe: 175 – 180 cm
schlanke Gestalt

Haar: dunkelblondes,
welliges,
nackenlanges Haar

**Bekleidung:**

dunkle Hose

dunkle hüftlange Jacke
zum Knöpfen

Die unbekannte Person trug eine dunkle Umhängetasche (Größe A 4) mit aufgesetztem Außenfach.

Die Umhängetasche wurde in der dargestellten Form links getragen.

Zum Schuhwerk liegen keine Angaben vor.

Fragespiegel

**Sind Personen bekannt:**

1. auf die die angeführten Merkmale zutreffen,

2. die Beziehungen (unterschiedlichster Art) zum Bereich Berlin-Pankow Arnold-Zweig-Straße / Trelleborger / Schonensche Straße / Tulestraße besitzen,

3. die in Gaststätten des o. g. Bereiches oder dessen Umgebung verkehren,

4. welche ständig Messer mit sich führen oder mit sich führten,

5. die Straftaten verübten und dabei Messer benutzten (einschließlich mutwillige Zerstörungen und dergleichen),

6. die nach dem 21. 09. 1982 äußerten, daß sie Auseinandersetzungen mit VP-Angehörigen hatten, Andeutungen zu derartigen Handlungen machten oder erklärten, im Besitz von Ausrüstungsgegenständen der VP zu sein,

7. die nach dem 21. 09. 1982 ihr Aussehen veränderten oder angeführte Bekleidungsgegenstände vernichteten.

**Können weitere Hinweise zum Tötungsverbrechen gegeben werden?**

Fragespiegel

Insbesondere waren die IM/GMS zu befragen, die in den in der Umgebung des Ereignisortes gelegenen Gaststätten verkehrten oder dort beruflich tätig waren. Unter den elf aufgeführten Lokalitäten befand sich auch die Gaststätte *Taverne* in der Trelleborger Straße 13. »Alle politisch-operativen Maßnahmen sind unter Vermeidung von Auswirkungen in der Öffentlichkeit so durchzuführen, dass keine Beunruhigung unter der Bevölkerung hervorgerufen wird.«

Auch ein Einbruchdiebstahl, Tatzeit 21. September 1982, 21.30 Uhr, bis 22. September 1982, 1.00 Uhr, in der Thulestraße 3, also in unmittelbarer Nähe zum Tatort des Tötungsverbrechens, bei dem der oder die Täter noch unbekannt waren, wurde in die kriminalistische Untersuchung einbezogen. Bestand zwischen dem Mord an dem Volkspolizisten und dem Diebstahl aus einem Schmuckgeschäft eine Verbindung?

Am 17. März 1983 heißt es in einer »Information zum gegenwärtigen Untersuchungsstand in der Mordsache LAWRENZ, Lutz, vom 21.09.1982 in Berlin«, dass außer der Verdachtsrichtung Olaf Rühmer die Untersuchungen zur Aufklärung des Verbrechens von den Organen des MfS und des MdI weitergeführt werden. »Gegenwärtig arbeitet eine gemeinsame Auswertungsgruppe der HA Kriminalpolizei und des MfS sowie eine Einsatzgruppe der Kriminalpolizei des PdVP Berlin in einer Stärke von 13 Kriminalisten zur Überprüfung von 25 Ermittlungskomplexen.«

Als im April 1983 der Täter immer noch nicht ermittelt war, schickte der Leiter der Hauptabteilung

Kriminalpolizei im MdI der DDR an sämtliche Leiter Kriminalpolizei in den BDVP und im PdVP Berlin schriftlich die dringende Aufforderung, alle neuanfallenden Straftäter, die Straften unter Anwendung von Schuss- und Stichwaffen begangen haben, auch zu dem Tötungsverbrechen vom 21. September 1982 an Lutz Lawrenz zu überprüfen. »Bei Durchsuchungen und allen anderen operativen Maßnahmen ist besonders auf die Waffe, Teile der Waffe, das Tatwerkzeug sowie den Rest der Fangschnur zu achten. Verdächtige, die sich nachweislich zur Tatzeit in Berlin aufgehalten haben, und der Verdacht durch eigene Überprüfungen nicht ausgeschlossen werden kann, sind namentlich mit dem festgestellten Sachverhalt der HA Kriminalpolizei, Abteilung II, zu melden. Die Leiter der Dezernate und die Leiter K der VPKÄ sind einzuweisen.«

Dann geschah eigentlich nichts mehr – bis zum 7. Juli 1985. An diesem Tag erhielt der OdH der VPI Berlin-Pankow über VP-Notruf 110 einen anonymen Telefonanruf. Eine Person sagte mit männlicher Stimme: »Ja, der euren Kollegen umgebracht hat, der ist schon in Westberlin. Der aus der Thulestraße, der.« Auf die Frage des Diensthabenden, woher er das denn weiß, sagte der Anrufer: »Bin mit ihm zusammen gewesen.« Danach legte die Person auf. Der Anruf wurde aufgezeichnet, und die Rückverfolgung ergab, dass der Anruf aus dem Münzfernsprecher Berlin-Heinersdorf, Berliner Straße, geführt wurde.

Die weitere Bearbeitung erfolgte durch das PdVP Berlin, Abteilung Kriminalpolizei, Dezernat II/MUK, im Zusammenwirken mit der BV Berlin des MfS, Abteilung IX/SK, und der Abteilung 32 des OTS des MfS. Der Anrufer blieb anonym, dieser hoffnungsvolle Ansatz verlor sich wie viele andere Ermittlungsrichtungen im Nichts.

Man fand einfach keinen schlüssigen Weg, der Wahrheit auf die Spur zu kommen, den Täter dingfest zu machen und den brutalen Mord an dem 22-jährigen Volkspolizisten, Hauptwachtmeister Lutz Lawrenz, zu sühnen. Trotz neuerlicher Ermittlungen nach der Wende ist der Fall bis heute ungeklärt.

# Quellen

## Akten BStU

Archiv der Außenstelle Magdeburg AG des Leiters, Nr. 41 Teil 2 und 2, Archiv der Außenstelle Magdeburg KD Wanzleben ZMA Nr. 11311 A und I/10, Archiv der Außenstelle Magdeburg AU Nr. 1393/73 Bd. 1, Bd. 5, Bd. 6, Bd. 7, Bd. 9, Archiv der Zentralstelle MfS-HA IX Nr. 16308 (Zwei Pistolenschüsse);
Archiv der Zentralstelle MfS AS 81/76 (Tatwaffe »Wolga«);
Archiv der Außenstelle Leipzig LZ AU 1075/82 Bände 1-11, BVfS Leipzig Abt. IX 00013/01 und 00013/02, BVfS Leipzig AKG, ZMABV Lpz. BKG, MfS-HA XXII Nr. 628/1, MfS-HA IX Nr. 18793, Archiv der Zentralstelle HA IX 9584, MfS ZAIG Nr. 10094 (Mordwaffe »Kalaschnikow«);
MfS-HA IX Nr. 15910, MfS HA VII Nr. 3555, MfS-HA XXII Nr. 1128/1, MfS HA-IX Nr. 968, MfS-HA IX Nr. 279, MfS-AG XVII Nr. 60, Archiv der Außenstelle Berlin BV Berlin Abteilung III 212, Archiv der Außenstelle Berlin BV Berlin Abt. XIX Nr. 48 Teil 1/2 (Vierzehn Messerstiche).

## Literatur


Andreas Bjerre: *Zur Psychologie des Mordes. Kriminalpsychologische Studien.* In Kommission bei Carl Winters Universitätsbuchhandlung. Heidelberg 1925.

Gerhard Bundschuh: *Tod in den Flammen. Spektakuläre Fehlurteile.* Berlin 2014.

Klabund (eigentlich Alfred Henschke): *Erzählungen und Grotesken.* 3. Auflage. Berlin 1984.

Remo Kroll und Frank-Rainer Schurich: *Serienmorde in der DDR I. Spezielle Motivlagen in der Kriminalpraxis.* Berlin 2018 (Schriftenreihe *Polizei. Historische Kriminalistik*, Band 3).

Axel Römer: »Die Vernehmung«. In: *Sozialistische Kriminalistik. Band 3/2. Kriminaltaktik. Planung, Vernehmung, weitere Untersuchung.* Berlin 1984.

Thorgeir Thorgeirsson: *Die Obrigkeit.* Reclam 931. Leipzig 1982.

# Abkürzungen

| | |
|---|---|
| Abb. | Abbildung |
| Abs. | Absatz |
| Abt. | Abteilung |
| ABV | Abschnittsbevollmächtigter (der DVP) |
| AG | Arbeitsgruppe(n) |
| Bd. | Band |
| BDVP | Bezirksbehörde der Deutschen Volkspolizei |
| BRD | Bundesrepublik Deutschland |
| BStU | Der/Die Bundesbeauftragte für die Unterlagen des Staatssicherheitsdienstes der ehemaligen DDR |
| BUK | Branduntersuchungskommission |
| BV | Bezirksverwaltung (des MfS) |
| BVfS | Bezirksverwaltung für Staatssicherheit |
| DDR | Deutsche Demokratische Republik |
| DEWAG | Deutsche Werbe- und Anzeigengesellschaft (der DDR) |
| Dipl.-Krim. | Diplomkriminalist |
| Dipl.-Min. | Diplommineraloge |
| DVP | Deutsche Volkspolizei |
| eigentl. | eigentlich |
| EV | Ermittlungsverfahren |
| GBl. | Gesetzblatt |
| gem. | gemäß |
| Gen. | Genosse, Genossen |
| gg. | gegen |
| GMI | Gerichtsmedizinisches Institut |
| GMS | Gesellschaftlicher Mitarbeiter für Sicherheit |
| HA | Hauptabteilung |
| HA/K | Hauptabteilung Kriminalpolizei |
| HKH | Haftkrankenhaus |
| HO | Handelsorganisation |
| Hwm. der VP | Hauptwachtmeister der VP |
| IGM | Institut für Gerichtliche Medizin |
| IM | Inoffizieller Mitarbeiter |
| IMS | Inoffizieller Mitarbeiter zur Sicherung eines gesellschaftlichen Bereichs oder Objekts |
| i. V. | in Vertretung |
| JVA | Justizvollzugsanstalt |
| K | Kriminalpolizei |
| KD | Kreisdienststelle (des MfS) |
| Kfz | Kraftfahrzeug |

| | |
|---|---|
| KI | Kriminalistisches Institut (der Deutschen Volkspolizei) |
| KMU | Karl-Marx-Universität (Leipzig) |
| KP | (Vordruck der) Kriminalpolizei |
| KT | Kriminaltechnik |
| MdI | Ministerium des Innern |
| MfS | Ministerium für Staatssicherheit |
| Moskw. | Moskwitsch, ein Pkw aus der Sowjetunion |
| MPi | Maschinenpistole |
| MR | Medizinalrat |
| Mstr. der VP | Meister der VP |
| MUK | Morduntersuchungskommission |
| NVA | Nationale Volksarmee |
| Obltn. | Oberleutnant |
| OdH | Operativer Diensthabender |
| OG | Operativgruppe |
| OKR | Operativ-Kriminalpolizeiliche Registrierung |
| OMR | Obermedizinalrat |
| OpD | Operativer Diensthabender |
| OTS | Operativ-Technischer Sektor (im MfS) |
| Pa | hier: Pankow |
| PdVP | Präsidium der Volkspolizei (in Berlin) |
| PGH | Produktionsgenossenschaft des Handwerks |
| Pkw | Personenkraftwagen |
| RKSt | Revierkriminalstelle |
| SED | Sozialistische Einheitspartei Deutschlands |
| SK | Spezialkommission(en) |
| StGB | Strafgesetzbuch |
| StPO | Strafprozessordnung |
| Strafverf. | Strafverfahren |
| StVE | Strafvollzugseinrichtung |
| Tgb.-Nr. oder Tgb. Nr. | Tagebuchnummer |
| UHA | Untersuchungshaftanstalt |
| VD | Vertrauliche Dienstsache |
| VE | Volkseigener |
| VEB | Volkseigener Betrieb |
| VK | Vergaserkraftstoff |
| VP | Volkspolizei |
| VPI | Volkspolizeiinspektion |
| VPKA | Volkspolizeikreisamt |
| VPKÄ | Volkspolizeikreisämter |
| VPR | Volkspolizeirevier |